バラの病気と害虫

見分け方と防ぎ方

NAGAI Yuji
長井雄治

──まえがき──

　花は美しい。野の花でもよく見ると、どれもが完成された美しさに輝いているのに驚かされる。しかし、なんといってもバラの花の美しさは人の心をとらえてはなさない。

　春、柔らかな新梢が勢いよく伸びるみずみずしさ、日ごとにふくらんでくるバラのつぼみの初々しい美しさに、心は震えるのである。

　しかし、それはあくまでも病気や害虫のない健全な新葉であり、つぼみでなければならない。ところが、近所の庭のバラを眺めると、新葉は病気でよじれたり、虫に食われて葉脈を残すだけとなっている。せっかくのつぼみも花首が曲って垂れ下がるというありさまである。これでは、よろこびに心が震えるどころか、でるものはため息ばかりとなってしまうであろう。

　バラを愛し、慈しみ、バラとともによろこびを分かちあえる人は多い。このような人たちは、花だけでなく、新芽や新葉やつぼみにも美しさを見出す。そして、なんとかしてバラたちが健やかに育つように手を差し伸べるのである。可愛がっているバラが病気になったり、虫に食われたりすれば、嘆き悲しむことは子育てと変わらない。病気や害虫についてくわしく知りたい、正しい防除法のコツを身につけたいと思っている人は少なくないであろう。

　そのような人たちのために、バラの病気や害虫について、写真を添えてくわしく解説し、あわせて、病害虫の発生消長を図示するとともに、季節別・月別の防除ごよみを、栽培管理に対応させてわかりやすく表に示し、だれでも失敗のない病害虫の防除ができるよう配慮した。

　本書は、バラの病害虫の見分け方と防除法が主体であるが、楽しみながら読んでいただけるように、心和む美しいバラの花の写真や病害虫に関する肩のこ

まえがき

　らない雑文もところどころに配置した。また、防除の考え方や農薬利用の基礎については、特に詳述し、初心の方たちや病害虫になじみの薄い方たちにもわかりやすいようにつとめた。病名にフリガナを添え、病害虫の用語解説を加えたのも、同様の趣旨によるものである。

　本書を発行するに当たり、千葉県農業総合研究センターの植松清次氏には、貴重な写真や資料の提供をいただいた。また、池田二三高、牛山欽司、西東力、中村秀雄、萩谷俊一、澤田正明、上遠野富士夫の各氏からは貴重な写真をお借りした。農文協書籍編集部には多大なご尽力をいただいた。これらの方々に心からお礼を申し上げる。

　　2005年9月　　　　　　　　　　　　　　　　　　　　長井　雄治

ローラ

目次

まえがき ……………………………………………………………… 1
凡　例 ………………………………………………………………… 7

日本でのバラ栽培と病害虫防除のポイント

【カラー】写真で見るバラ栽培と重要病害虫 …………………………… 9
　時期別のバラの生育の姿と防除の予測 10／黒星病の被害と防除 11／アザミウマ（スリップス）の被害 12／重要病害の初発時の診断のポイント 13／汁液を吸う重要害虫 14／茎葉を食害する重要害虫 15／美しいバラの花たち 16

1. 日本でのバラ栽培と病害虫の発生 ……………………………………17
　（1）バラの品種・系統について ……………………………………17
　（2）病害虫が発生しやすい日本のバラ栽培 ……………………………18
2. バラ病害虫の発生の特徴 ……………………………………………19
　（1）病気といえば黒星病とうどんこ病——病気の発生消長 …………19
　（2）種類が多いバラの害虫——害虫の発生消長 ………………………20
　（3）病気と害虫の発生部位と症状 ……………………………………26
3. 防除のポイントと防除ごよみ ………………………………………26
　（1）適期の予防の重要性 ……………………………………………26
　（2）春の防除ごよみ …………………………………………………27
　（3）夏の防除ごよみ …………………………………………………27
　（4）秋の防除ごよみ …………………………………………………30
　（5）冬の防除ごよみ …………………………………………………32

バラの病気の見分け方・防ぎ方

【カラー】写真で見る病気の症状と診断 …………………………………… **33**

| | カラー | 本文 |

○黒星病……………………………………………………………… **34, 49**
○うどんこ病………………………………………………………… **33, 57**
○斑点病……………………………………………………………… **35, 65**
○べと病……………………………………………………………… **36, 68**
○さび病……………………………………………………………… **37, 71**
○灰色かび病………………………………………………………… **38, 75**
○枝枯病……………………………………………………………… **40, 79**
○腐らん病…………………………………………………………… **41, 81**
○疫　病……………………………………………………………… **42, 83**
○根頭がんしゅ病…………………………………………………… **43, 86**
○白紋羽病…………………………………………………………… **44, 90**
○モザイク病………………………………………………………… **45, 93**
○根こぶ線虫病と根腐線虫病 ……………………………… **46, 47, 95**
○薬　害……………………………………………………………… **48**

バラの害虫の見分け方・防ぎ方

【カラー】写真で見る害虫の被害と診断 …………………………………… **101**

カラー　本文
○アブラムシ類……………………………………………………… **102, 117**
　　イバラヒゲナガアブラムシ 118／バラミドリアブラムシ 118／モモア
　　カアブラムシ 118／ワタアブラムシ 118
○アザミウマ類（スリップス類）………………………………… **104, 124**
　　ヒラズハナアザミウマ 125／ミカンキイロアザミウマ 125
○ハダニ類…………………………………………………………… **106, 129**

カンザワハダニ 130／ナミハダニ 130／ニセナミハダニ 130
　○カイガラムシ類……………………………………………110，135
　　　バラシロカイガラムシ 135
　○クロケシツブチョッキリ…………………………………101，138
　○チュウレンジ類……………………………………………108，141
　　　アカスジチュウレンジ 142／チュウレンジハバチ 142
　○バラクキバチ………………………………………………109，145
　○ハスモンヨトウ、ヨトウガ………………………………111，147
　○ハマキムシ類………………………………………………112，150
　　　チャハマキ 150／チャノコカクモンハマキ 151
　○ケムシ類……………………………………………………113，153
　　　マイマイガ 153
　○ゴマダラカミキリ…………………………………………114，156
　○コガネムシ類………………………………………………116，159
　　　マメコガネ 160／セマダラコガネ 160／ドウガネブイブイ 160

防除と農薬利用の基礎

1．防除の考え方……………………………………………………163
　（1）まずは発生させない環境づくり ……………………………163
　（2）大切な的確な診断と初期の防除 ……………………………164
　（3）多発してもくじける必要はない ……………………………165
　（4）農薬にたよらない防除法とは ………………………………166
2．いろいろな耕種的防除法 ………………………………………166
　（1）病害の耕種的防除法 …………………………………………167
　　　抵抗性品種の利用 167／せん定と摘葉 167／土壌管理 167／牛
　　　糞マルチ 168／栽培の工夫 168／接ぎ木 168
　（2）害虫の耕種的防除法 …………………………………………169

　　　　捕殺 169／粘着テープ 169／ネット利用 169／散水 169
　3．農薬利用の基礎 …………………………………………………170
　　（1）農薬のタイプと効き方 ………………………………………170
　　（2）剤型のタイプと特徴、使い方の注意 ………………………171
　　　　水和剤 172／フロアブル剤 173／乳剤 173／水溶剤 173／粒剤 174／エアゾール剤 174／スプレーつき原液剤 174／油剤 174／くん蒸剤 174
　　（3）農薬の薄め方と混合の方法 …………………………………175
　　　　農薬の薄め方 175／薬剤の混合法 175
　　（4）耐性菌・抵抗性害虫と薬剤のローテーション ……………177
　　（5）防除に必要な器具 ……………………………………………179
　　（6）農薬の保管方法 ………………………………………………179
　4．農薬散布の注意点 ………………………………………………180
　　（1）散布時間 ………………………………………………………180
　　（2）上手な散布方法 ………………………………………………180
　　（3）散布後の注意 …………………………………………………181
　　（4）土壌施用の方法 ………………………………………………182
　5．土壌消毒の方法 …………………………………………………182
　　（1）まず土壌消毒が必要かを考える ……………………………182
　　（2）太陽熱利用による施設の土壌消毒法 ………………………183
　　（3）薬剤による土壌消毒法 ………………………………………184
　　　　ダゾメット粉粒剤 184／クロルピクリン錠剤 184／フロンサイド水和剤 185

【コラム】
　　東京のバラ園 77／強い品種と弱い品種 100／ハダニは水がきらい 162／初めてのバラ 186／「五月祭」のバラ 193
　用語解説 ……………………………………………………………187
　参考図書 ……………………………………………………………194

―― 凡　例 ――

本書の構成と利用
　露地および施設のバラに発生する、主な病気と害虫を的確に見分け（診断）、それらの性質や伝染方法を知り、農薬にかたよらない正しい防除法を知っていただくことをねらいとした。
　診断にはなによりもカラー写真が役に立つので、病気の症状や害虫の被害写真を初期のものから典型的なものまで、できるだけ数多くそろえた。
　防除法は農薬によらない耕種的防除法と薬剤による防除法を併記し、農薬にたよりきることのないように配慮した。いうまでもなく、正しい防除法には、病気や害虫について正しい知識を持っていることが前提になるので、その解説にもつとめたが、難解にならないよう、わかりやすさを第一にした。
　本書はバラだけの病気と害虫に限定した、これまでに例を見ない実用的解説書であるが、バラの生産者やバラ園の技術者はもとより、ベテラン、初心者を問わず、バラを愛する多くの人たちに、バラの病害虫について無理なく理解していただけるように配慮したつもりである。

病害虫名・病原菌の表記
　病名と病原菌は『日本植物病害大事典』に準拠し、『日本植物病名目録』を参考にした。病気の英名が明らかなものは病名と併記した。病原菌の欧文表記はラテン語による学名である。
　害虫名は『日本農業害虫大事典』に準拠し、英名の明らかなものは害虫名と併記した。

凡 例

農　薬

　バラに登録のある農薬を中心に、原則として商品名を表記したが、同種のものが多数あるときは、包括的な名称（一般名）で記したものもある。
　薬剤による防除法に関する記述では、本書の前半に掲載した防除ごよみとその解説では農薬の希釈倍数を明記したが、後続の章の病気と害虫の各論では、病害虫ごとに農薬の詳しい使用法（希釈倍数を含む）を表示したので、解説では希釈倍数は省いた。

用字・用語

　難解な字や語はできるだけさけ、平易な語に書きかえるようにつとめた。しかし、書きかえができない語や書きかえることにより意味が不正確になったり、誤解を生じるおそれのあるものについては、専門用語を使用した。ただし、専門用語や読者になじみの薄いと思われる難解な語については、巻末に用語解説をつけて理解しやすいようにつとめた。

ミスター リンカーン

日本でのバラ栽培と病害虫防除のポイント

春の一番花が咲き誇る見事なバラ園。四季咲大輪系が中心(谷津バラ園)

つるバラは立体的造形美に役立ち、フロリバンダはにぎやかに美しい(谷津バラ園)

時期別のバラの生育の姿と防除の予測

4月上旬、新梢伸長期。おそくともこの時期に(早ければ3月下旬から)第1回の薬剤散布を開始する

5月上旬、つぼみの着色開始期。一番花の開花に備えて、この時期の薬剤散布は葉の表裏からつぼみまで特にていねいに行なう

6月上旬、二番花のための新梢伸長期。梅雨の病害虫多発期を迎えるため、防除ごよみにしたがって、適切な防除を実施する

黒星病の多発により、落葉の著しい盛夏期のバラ花壇

黒星病の被害と防除

落葉寸前の黒星病の罹病葉。小葉基部からパラパラと落ちる

適切な防除により、病害虫がおさえられ、秋バラのための新梢がいっせいに伸び始めた9月中旬のバラ花壇

アザミウマ（スリップス）の被害

同じ品種（光彩）の健全花

被害を受けた花の花弁のふちはしみ状に褐変し、
著しく美観をそこなう

同じ品種（プリンセス・ドウ・モナコ）の健全花

名花・美花も被害を受けると見る影もない

黒星病の病斑の周囲はギザギザ状の不整形となり、病斑の周辺は黄変する

重要病害の初発時の診断のポイント

うどんこ病に感染すると、葉の表面に白い粉状のかびが点々と生える

黒星病とうどんこ病に対する数少ない抵抗性品種のピンク パンサー

柔らかい新梢部に群がって吸汁するイバラヒゲナガアブラムシ（澤田）

イバラヒゲナガアブラムシは未熟なつぼみにも好んでコロニーをつくり、吸汁する（澤田）

汁液を吸う重要害虫

アザミウマの被害花に息を吹きつけると、細かい小虫がとび出して素早く動き回る

ハダニが葉の裏側に寄生すると、被害葉の表面に、白〜淡黄色のかすり状の小斑点ができる

茎葉を食害する重要害虫

クロケシツブチョッキリは新梢の先端部に群がり、つぼみ、茎、葉柄などを食害して傷をつける

チュウレンジハバチのふ（孵）化幼虫は若葉に群生し、葉のふちから食べる

チュウレンジハバチの若齢幼虫は葉のふちに群がって食害し、成長するにつれて徐々に分散する

美しいバラの花たち

ローラ　フランス生まれ。目の覚めるようなオレンジ朱色の半剣弁高芯咲き

ソリドール　フランス生まれの純黄色。高芯咲きの豊かな容姿はみごと

ブライダル　ピンク
アメリカ生まれのフロリバンダ。花嫁のように可憐

花霞　京成バラ園芸のフロリバンダ。色も形も愛くるしい房咲きの花が花壇いっぱいに咲きつづける

ラバグルート　ドイツ生まれのフロリバンダ。黒赤色の小型丸弁の花が房咲きし、晩秋まで咲きつづける

日本でのバラ栽培と病害虫防除のポイント

　よい苗を、よい環境に植えて、適切な管理によって育てる。適切な管理には、肥料や水やりやせん定はもちろん、病気の予防や害虫の駆除も含まれる。このように総合的な育成・管理の結果として、バラが健全に育ち、美しい花を咲かせるのである。したがって、病害虫の防除は、適切な育成・管理と一体となっていなければならないことはいうまでもない。

　病気や害虫や農薬のくわしい知識は、それぞれの項目で読み取っていただくとして、この章では、だれでもまちがいなく実行できるように、病害虫の防除と育成・管理の要点を月別あるいは季節別の表に示した。この表を見れば、防除の概略はわかると思われるが、あくまでも概略であるから、病害虫の原因や性質、あるいは伝染方法や防除法などについてくわしく知るためには、病気や害虫の章の各項目をごらんいただきたい。

　なお、防除に先立って、時期別の病害虫の発生の特徴を知っておくことは、的確な防除法を決めるうえで、ぜひとも必要である。

1 日本でのバラ栽培と病害虫の発生

（1）バラの品種・系統について

　名花「ピース」が日本に紹介されたのは1949年（昭和24年）であった。このバラはそれより10年前の1939年にフランスで育成され、その翌年、アメリカに渡り、第二次世界大戦終結（1945年）を記念して、「ピース」と命名されて売り出された。1951年、サンフランシスコでの対日講和条約の会場には、

この花が飾られた。

　バラは、ヨーロッパではギリシャ・ローマの時代から、美しい花として知られていた。日本では、万葉の昔から、歌に詠まれていた。

　しかし、「ピース」に代表される華やかな現代バラの歴史はそれほど古くない。原種そのものの古代バラ（オールドローズ）に対し、交配による品種改良から生まれたバラを近代バラ（モダンローズ）というが、これは、19世紀後半にはいってからのことである。第二次大戦終了後は、バラの品種改良は世界中で競うように行なわれ、現在、バラ園や庭のバラあるいは切り花として栽培されている品種の多くは第二次世界大戦後に育成された現代バラである。

　バラは大きく分けて、木バラとつるバラがある。木バラのなかには、四季咲大輪系（ハイブリッド・ティ系、略してHT）、四季咲中輪房咲系（フロリバンダ系、略してFL）、小輪房咲系（ポリアンサ系）、わい性小輪房咲系（ミニチュア系）などがある。

　つるバラにも、大輪、中輪、小輪の系統があり、それぞれに一季咲きのものと返り咲き（反復咲き、または四季咲きともいう）のものとがある。

（2）病害虫が発生しやすい日本のバラ栽培

　「バラは好きだけど病気や虫がつくからこまる」とよく聞かされる。しかし、バラが世界中で愛され、つくられている理由には、たんに美しいだけでなく、丈夫でつくりやすいという側面もあるはずである。ヨーロッパやアメリカ西海岸などの地中海性気候地帯では、バラの開花期の春から夏秋にかけて、雨が少なく、空気が乾燥しているため、病気が少ない。

　日本では、バラの生長期である春から夏にかけて、1カ月以上にわたる梅雨が待ちかまえているうえに、秋には、台風をはじめ、たびたびの長雨がある。このような多雨、湿潤、日照不足では、美しさを競って品種改良を重ねた繊細な現代バラは、ほとんどの品種が病気におかされ、害虫の被害にさらされることになる。被害が重なれば、バラの生育は障害を受けて、はなはだしい場合には、枯れてしまうことにもなりかねない。だから、バラつくりはむずかしい、ということになる。

しかし、四季の変化がはっきりしている日本では、バラの病害虫も、季節の移り変わりに対応して、驚くほど規則的に発生をくり返している。したがって、その地域での発生のパターンをつかめば、病害虫の発生時期を予想することができ、それにもとづいて予防の対策を立てることは、それほど困難なことではない。幸いなことに、大部分のバラの病害虫は、発生の仕組みや防除法が明らかにされているし、すぐれた農薬も開発されている。

バラは、日本では、病害虫に弱いかもしれないが、適切な対策を行なえば、さしたる苦労もなく病害虫をおさえることができ、美しい花を楽しめるのである。

2 バラ病害虫の発生の特徴

バラ園や庭のバラなど露地栽培のバラ（露地バラ）の病気の発生消長は第1図に、害虫の発生消長は第2図に示すとおりである。ただし、この図は、関東以西の平地の平均的な発生消長を示したものであるから、地域により、あるいは年次により、この図とは異なる発生もあることを、お断りしておきたい。なお、第2、3図に発生部位による病気と害虫を図解し、診断の一助とした。

(1) 病気といえば黒星病とうどんこ病——病気の発生消長

バラの病気は露地バラにかぎれば、その種類は意外に少ない。病気といえば、黒星病（別名黒点病）とうどんこ病と思って、まずまちがいはないとさえいえるのである。どちらも春から初冬まで発生するが、盛夏期には、一時失速し、ほとんど見られなくなるのはおもしろい。しかし、秋の長雨の時期になると、黒星病は再び激発し、容易なことではおさえられないことになる。秋バラで、黒星病をぴたりとおさえることができれば、バラつくりは一人前である。

涼しくなってきたからといって安心していると、うどんこ病が葉にとどまらず、花梗にまで白いかびを生やし、なかなか止まらないことがある。

このほか、梅雨や秋雨など、雨の多い時期には、灰色かび病、べと病、疫病、

日本でのバラ栽培と病害虫防除のポイント

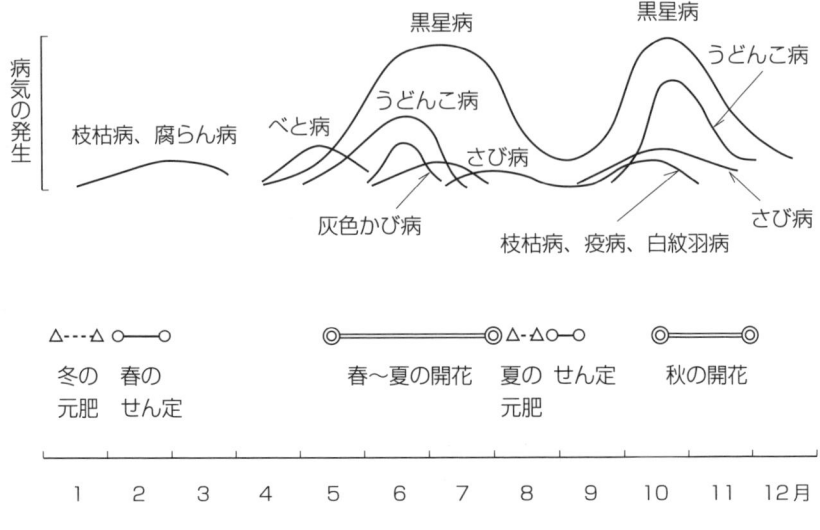

第1図　露地バラの病気の発生消長

さび病などが、地域によっては発生する。春先には、冬季の寒害の影響や不適切なせん定などにより、枝枯病や腐らん病などで大事な枝が枯れ込んでくることがある。病原菌に汚染されている土壌に植えたり、知らずに汚染している苗を植えると、根頭がんしゅ病や根こぶ線虫病におかされる。老化株では、白紋羽病がでることがある。

なお、施設栽培では、うどんこ病、べと病、さび病、灰色かび病、疫病、根頭がんしゅ病などが重要であるが、黒星病はそれほど問題とはならない。

(2) 種類が多いバラの害虫——害虫の発生消長

露地バラの害虫の種類は多い。アブラムシは、春先から発生し、新梢やつぼみなどに群生し、一番花のころまではどこでも見られる。夏の間、一時見られなくなるが、秋に再び発生し、秋が深くなってもつぼみなどに寄生しつづける。クロケシツブチョッキリ（別名バラゾウムシ）は、4月下旬から5月上旬にかけて、新梢が伸びてその先端に小さなつぼみが見えるころ、突然飛来して、新

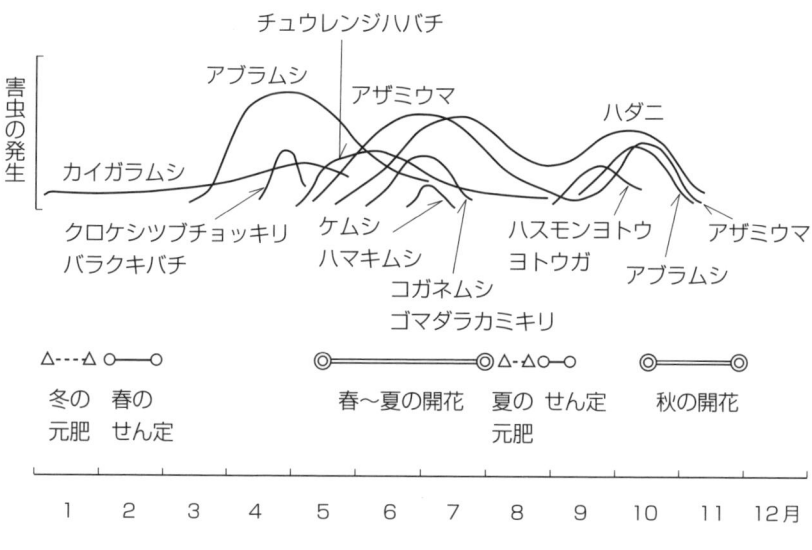

第2図　露地バラの害虫の発生消長

梢の先端部分の茎や葉柄あるいはつぼみの基部を食い荒らし、大事な新梢の先端を枯らしてしまう。同じころ、バラクキバチが飛来産卵し、元気だった新梢を突然しおれさせる。その後、梅雨期から夏の間、チュウレンジハバチが断続的に飛来し、若枝に傷をつけて産卵する。バラの若い葉が太い葉脈を残して食い荒らされるのは、主としてチュウレンジハバチの幼虫のしわざである。

　一番花、二番花が次々に咲いてくれるのは楽しいかぎりであるが、花弁が汚れたり、しみがついたりして、完璧な美しい花が見られないときはものたりないものだ。これは、たいていの場合、アザミウマ（スリップスともいう）の加害によるものである。アザミウマは小さいし、花の中にひそんでいるので、気がつかないことがある。しかし、春から秋まで切れめなく加害しつづけるので被害は大きい。ハダニも小さいので、気づかずに被害を受けやすい。夏から秋まで、切れめなく増殖をくり返す。特に高温期には増殖が早いため、株がひどく衰弱することがある。

　夏の間は、ゴマダラカミキリ、コガネムシ、ヨトウガ、ハスモンヨトウ、ハ

日本でのバラ栽培と病害虫防除のポイント

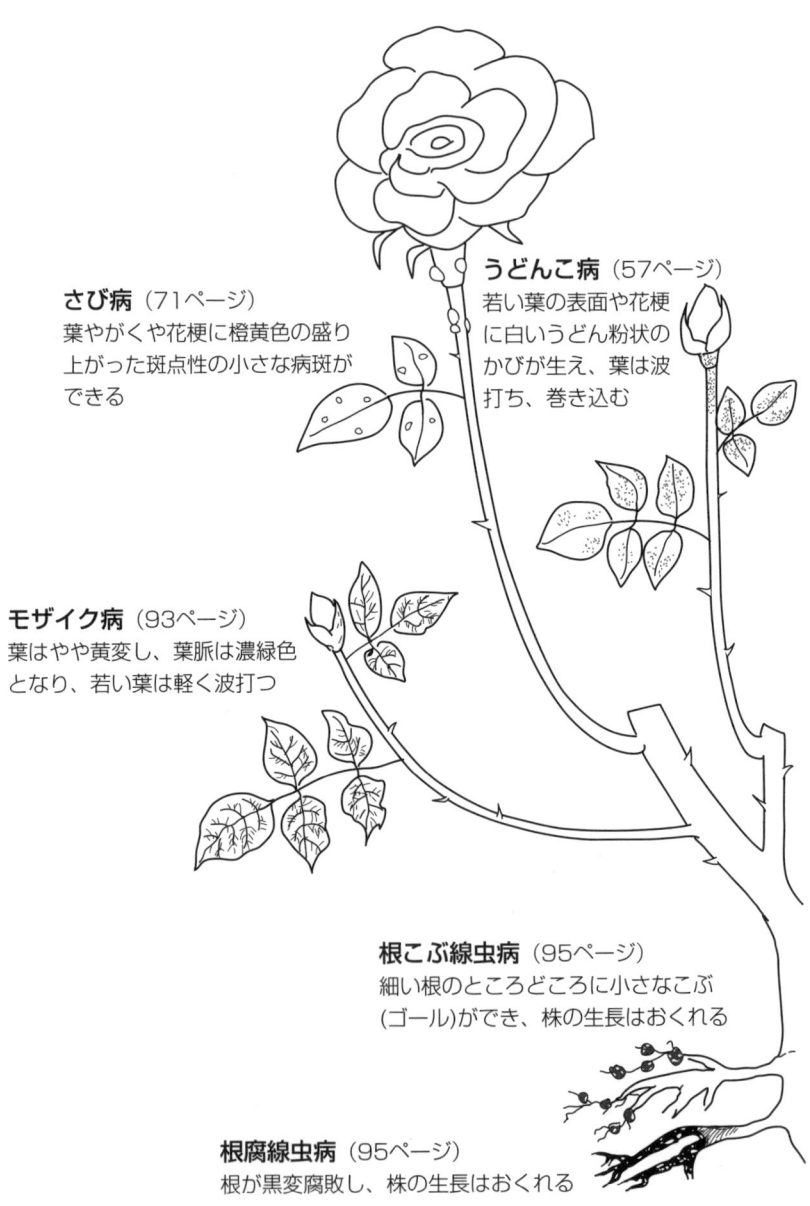

さび病（71ページ）
葉やがくや花梗に橙黄色の盛り上がった斑点性の小さな病斑ができる

うどんこ病（57ページ）
若い葉の表面や花梗に白いうどん粉状のかびが生え、葉は波打ち、巻き込む

モザイク病（93ページ）
葉はやや黄変し、葉脈は濃緑色となり、若い葉は軽く波打つ

根こぶ線虫病（95ページ）
細い根のところどころに小さなこぶ（ゴール）ができ、株の生長はおくれる

根腐線虫病（95ページ）
根が黒変腐敗し、株の生長はおくれる

第3図　発生部位・症状による病気の診断

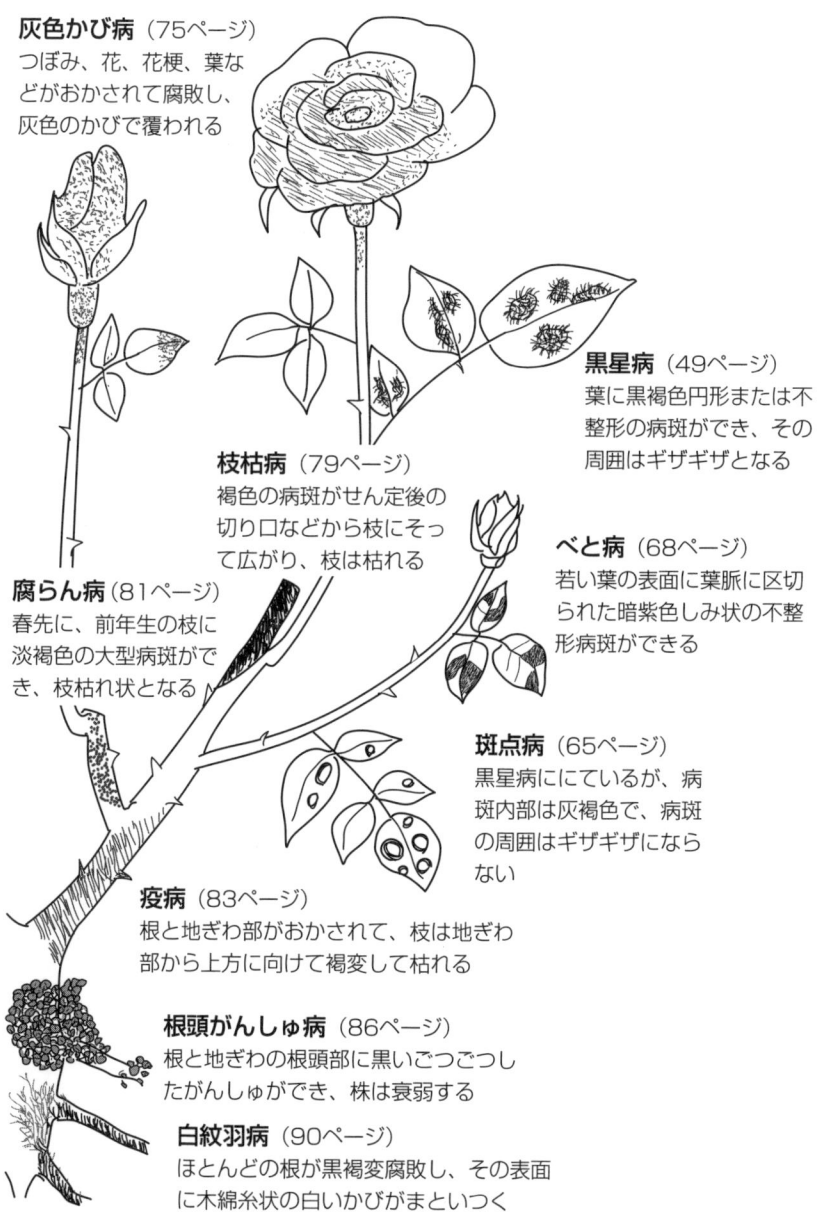

灰色かび病（75ページ）
つぼみ、花、花梗、葉などがおかされて腐敗し、灰色のかびで覆われる

黒星病（49ページ）
葉に黒褐色円形または不整形の病斑ができ、その周囲はギザギザとなる

枝枯病（79ページ）
褐色の病斑がせん定後の切り口などから枝にそって広がり、枝は枯れる

べと病（68ページ）
若い葉の表面に葉脈に区切られた暗紫色しみ状の不整形病斑ができる

腐らん病（81ページ）
春先に、前年生の枝に淡褐色の大型病斑ができ、枝枯れ状となる

斑点病（65ページ）
黒星病ににているが、病斑内部は灰褐色で、病斑の周囲はギザギザにならない

疫病（83ページ）
根と地ぎわ部がおかされて、枝は地ぎわ部から上方に向けて褐変して枯れる

根頭がんしゅ病（86ページ）
根と地ぎわの根頭部に黒いごつごつしたがんしゅができ、株は衰弱する

白紋羽病（90ページ）
ほとんどの根が黒褐変腐敗し、その表面に木綿糸状の白いかびがまといつく

（カッコ内は解説ページ）

日本でのバラ栽培と病害虫防除のポイント

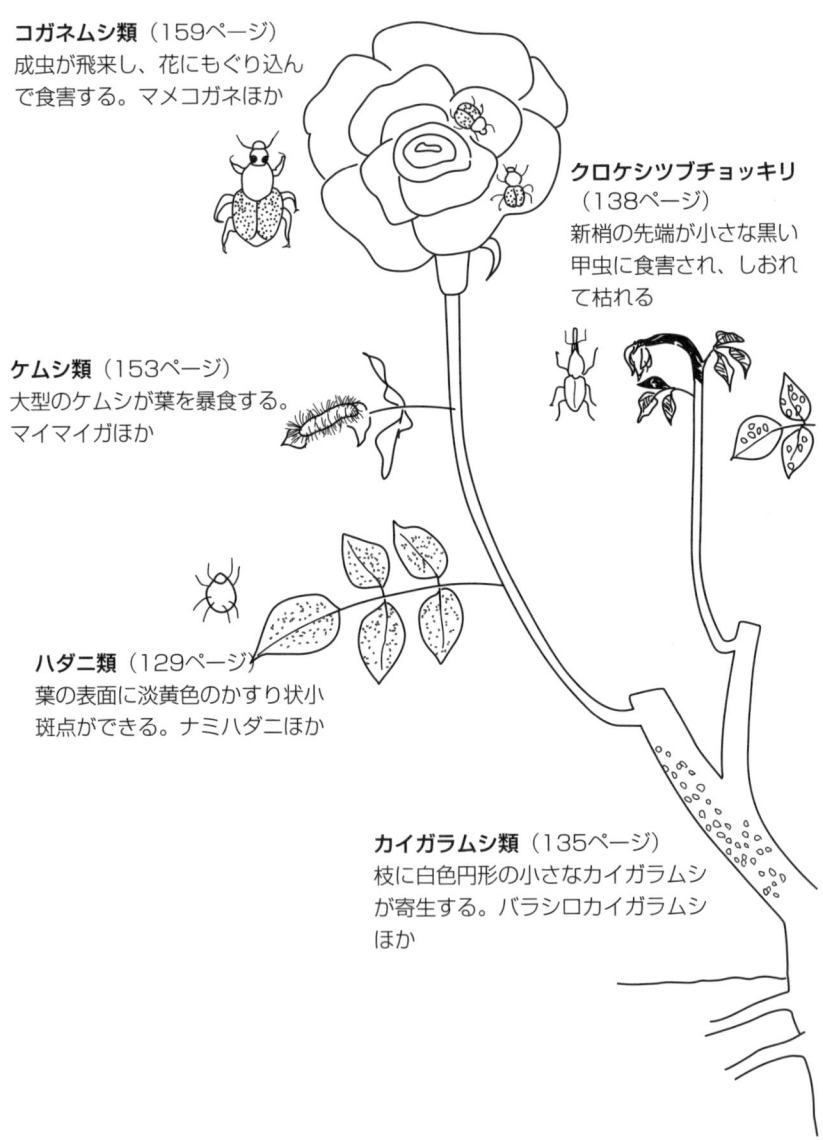

第4図　発生部位・症状による害虫の診断

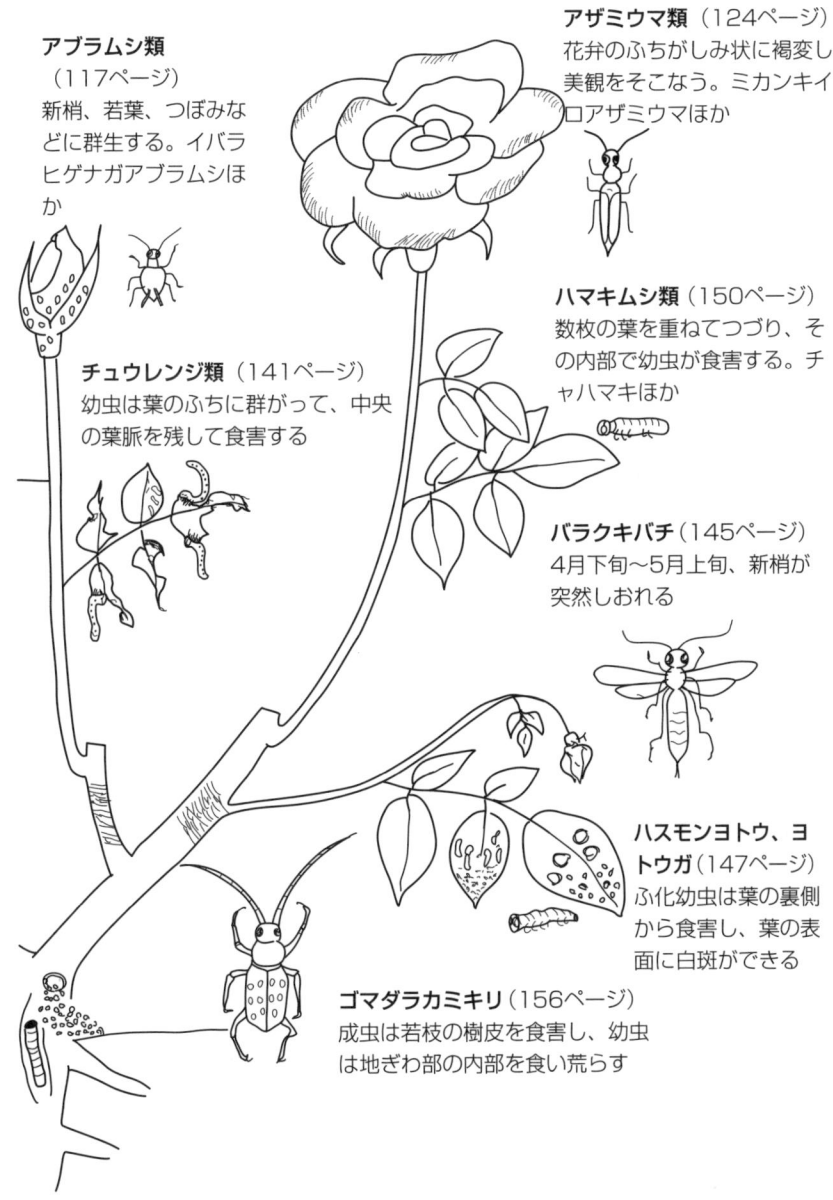

アブラムシ類
（117ページ）
新梢、若葉、つぼみなどに群生する。イバラヒゲナガアブラムシほか

アザミウマ類（124ページ）
花弁のふちがしみ状に褐変し美観をそこなう。ミカンキイロアザミウマほか

チュウレンジ類（141ページ）
幼虫は葉のふちに群がって、中央の葉脈を残して食害する

ハマキムシ類（150ページ）
数枚の葉を重ねてつづり、その内部で幼虫が食害する。チャハマキほか

バラクキバチ（145ページ）
4月下旬～5月上旬、新梢が突然しおれる

ハスモンヨトウ、ヨトウガ（147ページ）
ふ化幼虫は葉の裏側から食害し、葉の表面に白斑ができる

ゴマダラカミキリ（156ページ）
成虫は若枝の樹皮を食害し、幼虫は地ぎわ部の内部を食い荒らす

（カッコ内は解説ページ）

マキムシ、ケムシなどによって、ときにより、思わぬ被害を受けることがある。ヨトウガやハスモンヨトウは秋口にさらに被害が大きくなることがある。ゴマダラカミキリは幼虫（テッポウムシ）が株元に食い入り、その内部を食い荒らすため、うかうかしていると、大株を枯らしてしまうことになる。カイガラムシは季節を問わず、株元などに寄生していることが多い。

（3）病気と害虫の発生部位と症状

第3図および第4図のとおりである。

3　防除のポイントと防除ごよみ

（1）適期の予防の重要性

　農薬を必要最小限におさえるためには、予防よりも発生初期の防除がよい、という考え方は有力である。たしかに、ダラダラと際限のない予防では、予防に名を借りて、無定見に農薬にたよっていることになるので、農薬の使用をできるだけおさえるという点からみて、好ましいことではない。しかし、発生初期の防除が重要といっても、その時期を的確につかむことは、じつは至難のわざであり、うっかりしていると、初発の時期をつかみそこねてしまうものである。そうなると、黒星病やアザミウマ（スリップス）やハダニなどは、容易なことではおさまらず、農薬の散布は頻繁になり、それでもなお、効果があがりにくい。こんなことならば、ダラダラでもかまわないから、予防しておけばよかった、とくやむことになる。

　たしかに、発生初期に、すぐに対応すれば、防除できるものも少なくない。害虫はたいてい初発の時期に的確に対応すれば成功する。しかし、黒星病などの病気やアザミウマなどは、初発に気づいたときには、病原菌は感染して潜行し、アザミウマは花の奥深くにもぐり込んでいて、薬剤散布もままならない。これらに対しては、初発よりも、発生直前の予防が最も高い効果を示すのであ

る。その結果、農薬の使用回数や使用量をおさえることにもなる。

病害虫の発生のパターンを熟知していれば、発生の時期を予測することは困難なことではないし、感染直前の予防散布も十分に可能である。このような考え方にもとづいて、季節や管理作業に対応した防除ごよみがつくられている。

(2) 春の防除ごよみ

3月ともなれば、日中の日差しは日ごとに強くなり、バラの新芽は目に見えてふくらんでくる。下旬には早くも新芽が伸びはじめる。4月になれば、新梢がぐんぐん伸びて、その先端にはつぼみが見えてくる。新葉はみずみずしく健全そのもので、一番花への期待に胸がふくらんでくる。5月中旬になると、待望の一番花が、夢のように開いてくれる。朝、庭に出て、その年の最初の一番花を目にしたときは、しみじみと幸せを感じるものだ。

しかし、油断はきんもつである。黒星病やうどんこ病は新葉の生育とともに感染の機会をうかがっているし、アブラムシ、クロケシツブチョッキリ、チュウレンジハバチなどの害虫の飛来もさけられない。幸い、この時期の防除は確実に効果があがり、やりがいがある。防除法と生育・管理の概要は、第1表のとおりである。

(3) 夏の防除ごよみ

6～7月は引きつづきバラの花盛りである。出おくれた一番花につづき、二番花、三番花と切れめがない。健全な株の美しいバラの花は、梅雨のうっとうしさを忘れて、言いようもなく、すがすがしい。

この時期は病害虫も目白押しである。防除の真価が問われるのもこのときである。梅雨にさしかかるので、黒星病やうどんこ病はでないほうが不思議と思わなければならない。害虫はさらに種類が多い。夏は虫たちの天下であるからしかたがないのかもしれない。アブラムシ、ハダニ、アザミウマ、チュウレンジハバチ、ゴマダラカミキリ、コガネムシ、ハスモンヨトウなど数えきれない。一目見てわかる害虫はまだいいが、ハダニやアザミウマは見えにくいので、毎年バラを育てていながら、気がつかない人が少なくない。

日本でのバラ栽培と病害虫防除のポイント

第1表　春季のバラの病害虫防除ごよみ

時期	対象病害虫	薬剤防除法	耕種的防除法	生育・管理作業等
3月	枝枯病 腐らん病 **べと病（施設）** アブラムシ カイガラムシ	● 下旬にダコニール1000の1,000倍液またはジマンダイセン水和剤600倍液にオルトラン液剤250～500倍液（水和剤は1,000倍）を混用して散布する	● 枝枯病や腐らん病に注意し、枯れ込みがあれば健全部位まで切り戻す ● カイガラムシの発生があれば歯ブラシなどでこすり落とす	● 新芽が伸びはじめる **水やり**：地表が乾いたらたっぷりやる **肥料**：追肥（化成肥料または液肥）1回 **芽かき**：側芽、不要芽を摘除する
4月	**黒星病** うどんこ病 べと病 **アブラムシ クロケシツブチョッキリ** バラクキバチ カイガラムシ	● 中旬と下旬にダコニール1000の1,000倍液またはジマンダイセン水和剤600倍液にオルトラン液剤400倍液（水和剤は1,000倍）またはスミチオン乳剤1,000倍液を混用散布する ● クロケシツブチョッキリの被害を見つけたら、ただちにスミチオン乳剤またはトクチオン乳剤各1,000倍液を散布する	● クロケシツブチョッキリ、バラクキバチなど新梢や若枝を加害する害虫を捕殺する ● しおれた新梢や若枝は切除する	● 新梢が伸長し、つぼみが見えてくる **水やり**：地表が乾きかけたらたっぷりやる。鉢植えは毎日やる **肥料**：中下旬に化成肥料または液肥を株の周辺に散布する **側蕾の摘み取り**：早めに摘み取る
5月	**黒星病 うどんこ病** べと病 灰色かび病 さび病 **アブラムシ アザミウマ チュウレンジハバチ** バラクキバチ クロケシツブチョッキリ カイガラムシ	● ダコニール1000の1,000倍液またはジマンダイセン水和剤600倍液にオルトラン液剤400倍液（水和剤は1,000倍）またはアドマイヤーフロアブル2,000倍液（水和剤も2,000倍）を混用散布する ● 黒星病が発生したら、ダコニール1000等をサプロール乳剤1,000倍液またはフルピカフロアブル2,000倍液に変更して混用散布する ● 灰色かび病が発生したら、ロブラール水和剤1,000倍液を混用する ● アブラムシの発生が多いときは、アドマイヤーフロアブルまたはモスピラン水溶剤2,000倍液を散布する	● 灌水の水を葉にかけないように注意する ● 通風と日当たりに配慮する ● 黒星病の病葉を摘除する ● 咲きがらや病花はこまめに切除する ● チュウレンジハバチやバラクキバチなどの被害茎葉は見つけしだい切除する	● 中旬から一番花が開花する **水やり**：地表が乾きかけたらたっぷりやる。鉢植えは毎日やる **肥料**：上旬に前月に準じて施用する。つぼみが色づいてきたら肥料は止める **咲きがらの整理**：本葉（5枚葉）2枚を残して、早めに切り取る

注）太字は重点防除を要する重要病害虫（第2～4表も同じ）

第2表　夏季のバラの病害虫防除ごよみ

時期	対象病害虫	薬剤防除法	耕種的防除法	生育・管理作業等
6月～7月	**黒星病** **うどんこ病** **灰色かび病** さび病 アブラムシ **アザミウマ** **チュウレンジハバチ** **ハダニ** カイガラムシ ハスモンヨトウ ヨトウガ ハマキムシ ケムシ類 **ゴマダラカミキリ** **コガネムシ**	● ダコニール1000またはサブロール乳剤各1,000倍液にハーモメイト水溶剤800倍液またはミラネシン水溶剤1,000倍液を混用し、さらにアドマイヤーフロアブルまたはモスピラン水溶剤各2,000倍液を混用し、7～10日おきに散布する ● ハダニが発生したらオサダン水和剤、ニッソランV乳剤、カスケード乳剤各1,000倍液、ダニカット乳剤800倍液、コロマイト水和剤2,000倍液のいずれかを交互あるいはローテーション散布する。同一薬剤の連用はさける ● チュウレンジハバチ、ハスモンヨトウ、ハマキムシ、ケムシ類などに対しても、上記の混用散布は有効であるが、多発しているときは、スミチオン乳剤、オルトラン液剤などを散布する	● 黒星病や灰色かび病の病葉、病花、落葉などは早めに除去する ● チュウレンジハバチ、アザミウマ、ハダニなどの早期発見につとめる ● 梅雨明け後の晴天時には、コガネムシ、ゴマダラカミキリの飛来に注意し、見つけしだい捕殺する	● 二～三番花が順次開花する **水やり**：地表が乾いたらたっぷりやる。鉢植えは乾かさないように注意する **肥料**：6月下旬に化成肥料または液肥を1回やる **咲きがらの整理**：前月の要領で早めに切り取る **マルチング**：7月下旬に腐葉土、乾燥牛糞などを、株の周辺全面に厚めに敷きつめる
8月	黒星病 **アザミウマ** **ハダニ** チュウレンジハバチ ハスモンヨトウ ヨトウガ ハマキムシ ケムシ類 ゴマダラカミキリ コガネムシ	● 曇雨天がつづくときは、前月に準じて薬剤を混用散布する ● チュウレンジハバチ、ハスモンヨトウ、ハマキムシ、ケムシ類などの発生があれば、スミチオン乳剤、オルトラン液剤などを散布する ● 株元からオガクズ状の虫糞が噴出しているときは、スミチオン乳剤の濃厚液（50倍）を噴出孔から注入する。薬液を脱脂綿に含ませ、細めのピンセットで噴出孔に押し込む、あるいは、噴霧器の噴口を噴出孔に当てて噴霧するなどの方法がある	● ハダニの発生が多いときは、晴天時の午前中に葉裏に強力散水またはシリンジする ● コガネムシ、ゴマダラカミキリなどは見つけしだい捕殺する ● 摘蕾、摘花につとめアザミウマの増殖をおさえる	● 秋バラの準備と株の休養期 **水やり**：地表が乾いたらたっぷりやる。鉢植えは毎日やる **肥料**：中旬に株の周囲に夏の元肥をやる **摘蕾**：休養のため、早めにつぼみを摘み取り、開花させない **秋のせん定**：下旬～9月上旬に、品種を考慮して順次せん定する。病枝、弱小枝、ふところ枝などを切除し、全体を3分の1ほど切り下げる

病害虫の種類や発生が多いときは、的確な薬剤の選択が必要である。惰性に流されて、同じことのくり返しではよい結果はおぼつかない。防除ごよみはこの点に配慮したものである。

梅雨が明ければ、連日の真夏日である。バラは疲れているだろうから休ませたいものである。つぼみはすべて摘み取ってしまうのがよい。夏の花はアザミウマの絶好の繁殖の場であるし、コガネムシの憩いの場でもある。ただでさえ、暑さにまいっているバラは、花を咲かせる負担に耐えられないであろう。

8月は秋バラのための準備に徹することが肝要である。この時期は薬剤散布よりも耕種的防除対策と適切な育成・管理が特に重要である。幸い、黒星病とうどんこ病は夏の暑さに負けて下火になっている。ハダニやアザミウマはいっこうにおとろえないが、薬剤散布にたよるのは得策ではない。

(4) 秋の防除ごよみ

9月にはいると、いよいよ秋バラへの期待がふくらんでくる。もう夏のせん定はすませただろうか。毎朝、新芽がすくすくと伸びるさまをながめると、新鮮なよろこびがわいてくるものだ。

彼岸が近づき、真夏の暑さを忘れるころになると、夏の間ひっそりしていた黒星病が活動を再開する。さらに、秋冷が深まると、うどんこ病が葉だけにとどまらず、花梗にも白いかびを繁殖させる。

害虫は夏のころの勢いはないが、アザミウマ、ハダニ、アブラムシなど、まだまだ油断できない。ハダニ対策の強力散水やシリンジ（霧状に吹きつける）にしても、黒星病を誘発することのないように配慮しなければならない。

9～10月は薬剤防除が重要である。薬剤耐性菌や薬剤抵抗性害虫が発達しているにちがいないから、ま

ブライダル ピンク

第3表　秋季のバラの病害虫防除ごよみ

時期	対象病害虫	薬剤防除法	耕種的防除法	生育・管理作業等
9月〜10月	**黒星病** **うどんこ病** 灰色かび病 さび病 枝枯病 疫病 白紋羽病 根頭がんしゅ病 **アブラムシ** **アザミウマ** **ハダニ** チュウレンジハバチ **ハスモンヨトウ** **ヨトウガ**	● ダコニール1000の1,000倍液またはジマンダイセン水和剤600倍液にハーモメイト水溶剤800倍液またはミラネシン水溶剤1,000倍液を混用し、さらにアドマイヤーフロアブルまたはモスピラン水溶剤各2,000倍液のいずれかを混用し、10日おきに散布する ● 黒星病やうどんこ病が多いときは、ダコニール1000やジマンダイセン水和剤にかえてサプロール乳剤1,000倍液またはフルピカフロアブル2,000倍液を混用する ● つぼみにも上記の薬剤を散布してアザミウマの被害を予防する ● ハダニが発生したらオサダン水和剤、ニッソランV乳剤、カスケード乳剤各1,000倍液、ダニカット乳剤800倍液、コロマイト水和剤2,000倍液のいずれかを交互あるいはローテーション散布する。同一薬剤の運用はさける	● 黒星病や灰色かび病の病葉、病花、落葉などは早めに除去する ● ハダニが多いときは晴天の午前中に葉裏から強力散水またはシリンジする ● 葉にしおれや黄変が認められたら、根の腐敗やこぶの有無を調べる。根頭がんしゅ病、白紋羽病、疫病などの被害株は掘りあげて焼却処分する	● 10月以降秋バラが順次開花する **せん定**：関東以西の暖地では、遅くとも9月10日ごろまでに終わらせる。関東以北や秋冷の早い地方ではそれより早く終わらせる **新芽の整理**：弱小芽、不要芽は摘み取る **水やり**：地表が乾いたらたっぷりやる。鉢植えは乾かさないように特に注意する **肥料**：9月上中旬に化成肥料または薄い液肥を2回やる **咲きがらの整理**：開花期には咲きがらを早めに切り取る
11月	**黒星病** **うどんこ病** 枝枯病 アブラムシ アザミウマ ハダニ **テッポウムシ**（カミキリムシの幼虫）	● 上旬と下旬に、前月同様の薬剤散布を行ない、病害虫を防除する ● 株元からオガクズ状の虫糞が噴出していたら、スミチオン乳剤の濃厚液（50倍）を噴出孔から注入する。薬液を脱脂綿に含ませ、細めのピンセットで噴出孔に押し込めばよいだろう	● 枝枯病などで枯れ込んできた枝は健全部まで切りもどして、被害枝を焼却処分する ● 黒星病の病葉は摘除し、落葉は集めて処分する	● 秋バラが咲きつづける **水やり**：乾いたらたっぷりやる。鉢植えは特に注意する **肥料**：下旬にお礼肥として化成肥料を少量ばらまく

んぜんと春夏のくり返しでは、薬剤防除の成功はおぼつかない、と思わなければならないだろう。防除ごよみをよく見ていただきたい。

　11月ともなれば、朝晩の冷え込みも厳しくなってくる。病害虫も終息に向かっている。キリリとしまった端正な剣弁の花、深みのある深紅の黒バラの輝きなど、美しい色合いのバラの花が楽しめるのもこの時期である。

第4表　冬季のバラの病害虫防除ごよみ

時期	対象病害虫	薬剤防除法	耕種的防除法	生育・管理作業等
12月〜2月	**黒星病** **うどんこ病** 腐らん病 枝枯病 アブラムシ **カイガラムシ**	● 1〜2月に石灰硫黄合剤の濃厚液（8〜10倍液）をかけむらのないようにていねいに散布する ● 冬のせん定後にダコニール1000の濃厚液（50倍液）をていねいに散布する。越冬病原菌の防除に石灰硫黄合剤の散布と同等の効果が期待できる ● カイガラムシの寄生が認められるときは、せん定後、歯ブラシでこすり落とした後に、マシン油乳剤20倍液をていねいに散布する。マシン油乳剤は必ず休眠期に散布し、新芽が伸びはじめたら薬害がでるので使用しない	● 腐らん病や枝枯病などの被害枝は、基部から切り取り焼却する ● カイガラムシの寄生があるときは、歯ブラシでこすり落とす。特に寄生の激しい枝は切除する ● 病枝、弱小枝、残葉などは、病原菌や害虫の越冬場所となるので、すべて切除する	● 1〜2月は露地バラは休眠中 **水やり**：地表が乾いたらたっぷり水やりする **元肥**：12〜1月に株の周囲に溝を掘って、骨粉、油粕、乾燥牛糞、過燐酸石灰などを施用し、土とよく混ぜる **植えかえと土かえ**：鉢植えは、冬の間に植えかえて、用土を更新する。大株の場合は、鉢の上部や周辺など、一部の土を入れかえてもよい

（5）冬の防除ごよみ

　霜が降りるようになれば、バラの季節も終わりである。バラも休眠にはいる。しかし、よりよい春のバラを見るためには、この時期の管理は大切である。水やりはもちろんのこと、冬の元肥、冬のせん定など、重要な作業は少なくない。

　病害虫はたしかに一段落であるが、死に絶えたわけではないので、越冬病原菌や越冬害虫をこの時期に根絶することは、春夏の病害虫の発生を最小限におさえるうえで、きわめて重要である。

病気の見分け方・防ぎ方

うどんこ病

新葉の初期症状：葉の表面に白い粉状のかびが点々と生じる

多発時には、葉の裏側にも白いかびが生え、新梢の被害葉は激しく巻き込んだり波打つことがある

多発のときは、白いうどん粉状のかびが葉の全面に生える

秋冷の季節には、つぼみの下の花梗にも白いかびが生えることがある

黒星病

初期の症状：葉の表面に黒褐色の円形または不整形の小さな斑点ができる

典型的病斑：紫黒色のほぼ円形の病斑で、まわりはギザギザ状となる。内部は分生子層を生じてザラザラ状になる

多発時の症状：多数の病斑が不規則に融合して広がり、のちに葉は黄変落葉する

バラ黒星病菌の分生子（胞子）。降雨のときにまわりに飛散して伝染する

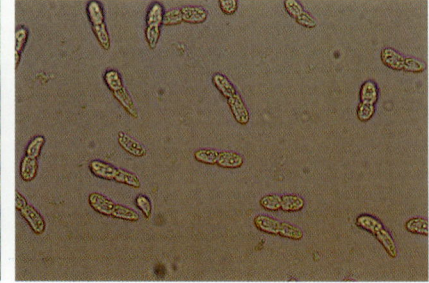

黒星病

激発状態の黒星病。名花「ピース」も黒星病には弱い

黒星病と斑点病の病斑はにているが、病斑のまわりがギザギザ状または羽毛状になっているのが黒星病である

斑点病

斑点病の病斑のまわりは比較的滑らかな線で囲まれ、ギザギザ状とはならない　　　（植松）

べと病

初期の症状：若い葉の表面に暗紫色水浸状の不整形病斑を生じる　（植松）

水浸状の病斑はのちになると褐変する。病斑は葉脈で区切られる　（植松）

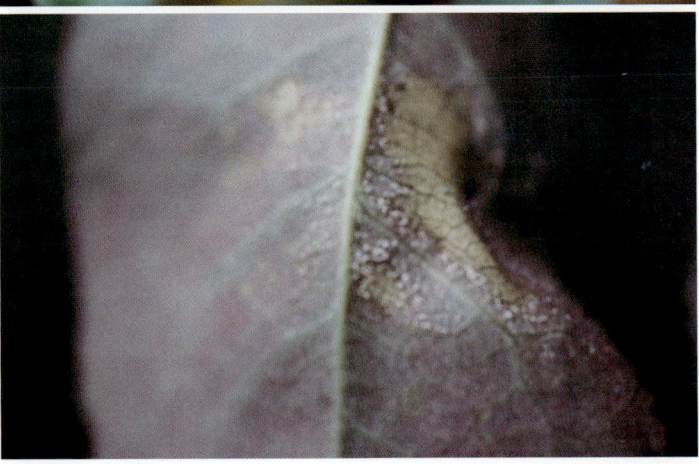

多湿のときは、病斑の裏側に白いもやもやしたかび（菌糸と分生子）が生じる　（植松）

さび病

葉の表面に退色または橙黄色の盛り上がった斑点性の病斑が現われる

葉の裏側にも橙黄色の盛り上がった斑点性病斑が生じる

がくや花梗にも橙黄色の盛り上がった病斑が生じることがある　　（植松）

灰色かび病

多発時の被害状況：つぼみ、花、花梗などがおかされて灰色のかびで覆われる

花の腐敗につづき、花梗や葉柄が褐変腐敗することがある

花の症状：花弁が腐敗して灰色のかびに覆われ、花梗も褐変腐敗する

多発時には、罹病花弁に接触している葉にも伝染して葉が褐変腐敗する

咲きがらを放置していると、梅雨時や秋雨の時期に激発することがある

せん定後の枝の切り口から発病することが多い

枝枯病

褐色病斑が広がり、茎を取り囲むようになると枝は枯れる

古い病斑では、縦の亀裂を生じることがある

腐らん病

病斑は淡褐色の大型となり、のちになるとその上に黒色小粒点（柄子殻）を生じる

寒害などが原因で、春先になって、前年生の枝に大型病斑が生じ、枝枯れ状となることがある

シュートがおかされると、地ぎわが暗褐色となり、しおれて枯れる

若い株がおかされると、葉や花梗はしおれて垂れ下がり、のちに葉は褐変枯死する

疫病

発病は地ぎわ部から始まり、しだいに上方へ広がる

成熟枝は地ぎわから上方へ褐変し、のちに落葉する

温室バラでの疫病の発生状況：発病株は連続することが多い

根頭がんしゅ病

地ぎわ部のまわりに形成したがんしゅ（異常肥大した組織のかたまり）
（植松）

地表に露出している根にも黒いごつごつしたがんしゅが生じることがある

根頭部にがんしゅを生じた被害株は徐々に衰弱する

根頭部に生じた典型的ながんしゅ

白紋羽病

葉は黄変し、根はほとんどすべて黒褐変腐敗し、その表面に木綿糸状の白色菌糸がまといつく

地上部は急速に枯れ、地ぎわ部と根に木綿糸状の白色菌糸がまといつく（バラ科、カイドウの被害株）

地上部は枯れ、地ぎわ部と腐敗した根に木綿糸状の白色菌糸がまといつく（バラ科、ボケの被害株）

葉は全体にやや黄変し、葉脈部分は
濃緑色になる

モザイク病

葉脈は濃緑色になり、
若い葉は軽い波打ち
状になる

健全株の正常な生育状況

45

根こぶ線虫病

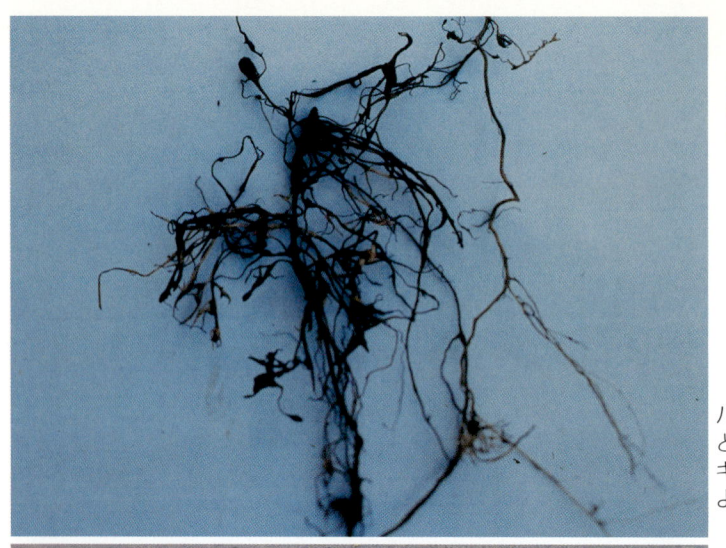

バラの被害根：細い根の
ところどころに形成した
キタネコブセンチュウに
よるゴール（こぶ）
（牛山）

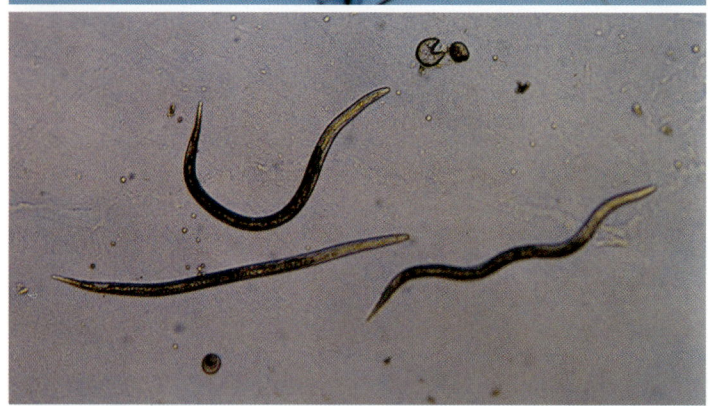

キタネコブセンチュウ
幼虫　　　　　（牛山）

ネコブセンチュウによるゴール
（キュウリの被害根）

ネコブセンチュウによるゴール
（トマトの被害根）

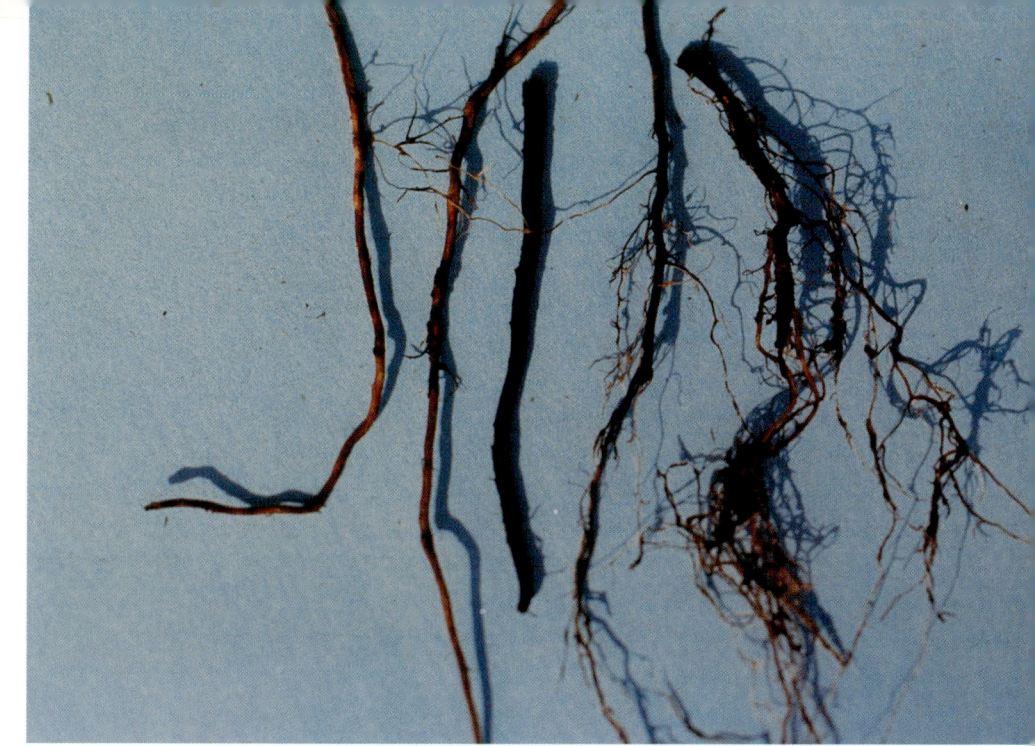

バラの被害根：クルミネグサレセンチュウによる根の黒変腐敗　（牛山）

根腐線虫病

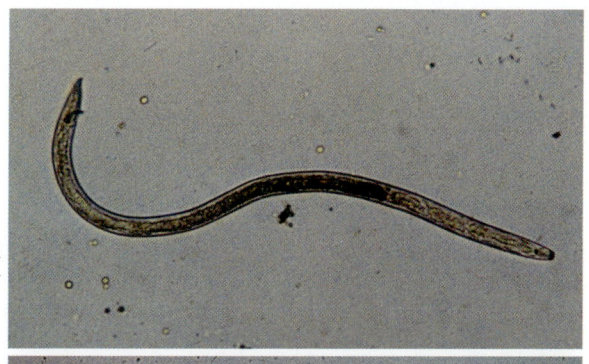

クルミネグサレセンチュウ
雌成虫。雄成虫同様に線形
で、雌雄の区別は卵巣の有
無など体内構造による
　　　　　　　（牛山）

クルミネグサレセンチュウ
雄成虫。雄は雌より小さい
　　　　　　　（牛山）

薬害

高温期散布によるカルホス乳剤の薬害：葉の表面が淡褐変する

高温期におけるカルホス乳剤とダコニール1000混用散布の薬害：葉の表面が激しく褐変する

ダコニール1000とモレスタン水和剤の混用散布による花弁の脱色斑点

バラの病気の見分け方・防ぎ方

黒星病（くろほし） Black spot

　庭のバラや公園のバラ園で、病気といえば黒星病をさすにちがいない。露地栽培のバラで最も発生・被害が大きく、こまった病気なのである。ところが、温室など施設栽培では、意外に発生が少ないのは不思議なことである。

■症状・被害と診断

　症状と被害　主として葉に発生し、ときに葉柄や当年生の若い茎にも発生する。戸外栽培では、春から秋まで発生するが、春の発生はつぼみが認められるころからはじまる。葉では、はじめ淡褐色または黒紫色の小さなしみ状の斑点が葉の表面に生じる。斑点は徐々に拡大し、直径5〜10mm前後の円形病斑となるが、しばしば不規則に融合して大型病斑あるいは不整形の病斑となる。病斑の周縁は放射状あるいは羽毛状の不規則なギザギザで縁どりされる。病斑が成熟すると黒点状の分生子層が生じる。やがて病斑の周囲は黄変し、きわめて落葉しやすくなり、小葉がつぎつぎに落下し、ついには葉柄基部から葉が落ちる。葉の裏面にも同様の病斑が認められるが表面より少ない。

　葉柄では、葉の発病に引きつづき、ところどころが黒変する。茎では、未熟枝の表面にはじめ赤紫色の小斑点が現われ、後になると黒変する。茎の病斑上にも分生子層が生じるが目立たない。しかし、越冬して翌年の伝染源となるので重大である。

　梅雨期に長雨がつづくと梅雨明けにかけて急激に広がり、ほぼ全葉に1〜数

個の病斑が現われ、やがて病斑の周囲が黄変し、つぎつぎに落葉する。そのため、梅雨明けごろには、上位の数葉を残し、大部分の葉が落ちてしまう。このような株は夏の間に衰弱し、花芽は貧弱で、秋になってもよい花が咲かない。

診断のポイント　露地栽培のバラで多発しやすく、春のつぼみがふくらんでくるころから早期発見を心がける。この時期に、中下位葉に黒褐色または黒紫色の病斑があれば、たいていは黒星病である。病斑の形はほぼ円形のものが多いが、ときによると、葉の主脈にそって不整形の黒色病斑が広がることもある。いずれの形でも、病斑の周縁はなめらかな曲線にならずに、放射状あるいは羽毛状にギザギザになる。病斑上には分生子層が小黒点となって形成される。病斑の周囲がやや黄変し、つぎつぎに落葉すれば、黒星病にまちがいない。

類似症状との見分け方　葉に斑点を生ずる病気には、黒星病のほかに斑点病がある。斑点病の病斑はほぼ円形であるが、黒星病の病斑よりも概して小さい。また、病斑は内部が灰褐色または淡褐色、周囲は暗褐色となり、黒星病の病斑とは異なる。

■病原菌と伝染方法

病原菌〔完全世代：*Diplocarpon rosae* Wolf、不完全世代：*Marssonina rosae*（Trail）Sawada〕は糸状菌の一種で、子のう菌類に属し、子のう、子のう胞子、分生子層、分生子などを生じるが、日本では、子のうや子のう胞子についてのくわしい記録はない。

分生子層は主として葉の表面の病斑上、ときに裏面の病斑上で、表皮下に生じ、成熟すると表皮が裂けて現われる。分生子は多湿時には病斑上で白色の粘塊状となり、雨滴とともに飛び散り、あるいは昆虫の体に付着して伝染する。外国での報告では、子のう胞子は被害落葉の病斑上で、ときに認められ、空気伝染するが、事例が少なく、伝染源としての重要性は低いという。

病原菌は被害葉（暖地）や被害茎の病斑上、あるいは落葉の病斑上で、菌糸、分生子、ときに子のう胞子で越冬する。春になり、若い枝が伸長してくると、越冬病原菌の分生胞子が雨滴伝染し、あるいは子のう胞子が空気伝染する。発病株の葉や若枝の病斑上には新しい分生子が形成され、つぎつぎに伝染する。

盛夏の高温期には、伝染が一時的に抑制されるが、秋口になると再び伝染力が強まり、秋が深まるまで、新たな伝染をくり返す。暖地や温室内では病原菌は病葉や病茎の病斑上で1年中生存している。しかし、飛び散った分生子は土壌中や植物上あるいは農具などの器物上で1カ月以上にわたって生存することはない。

分生子による感染には、分生子が少なくとも7時間以上水にぬれた状態にあることが必要とされる。感染後3～16日後に病徴が現われる。病徴発現までの期間は、気温や湿度や品種あるいは伝染源の多少や病原力などにより異なる。分生子の発芽の適温は18℃、感染の適温は19～21℃、進展の適温は24℃である。

■耕種的防除

密植をさける。冬季せん定では、病枝ばかりでなく、前年生の弱小枝や越冬葉を残らず切除する。暖地では、弱小枝や越冬葉は伝染源の越冬場所のおそれがある。春以後は初発の発見につとめ、病葉や病枝は早めに切除する。落葉なども早めに取り除き、常に圃場衛生につとめる。

水やりは晴天の午前中に実施し、曇りや夕方の水やりはさける。特に、水を不用意に葉にかけると伝染を助長することになるのでさける。

施設栽培では、換気と通風を励行する。

■薬剤による防除

春の防除は、つぼみが見えてくるころから、ダコニール1000、ジマンダイセン水和剤、マンネブダイセンM水和剤、ダイセン水和剤、ダイファー水和剤、キャプタン水和剤、ビスダイセン水和剤などのいずれかを、7～10日おきに散布して予防する。発病が認められたら、サプロール乳剤、トップジンM水和剤、マネージ乳剤、ラリー乳剤、ポジグロール水和剤などを散布する。

梅雨期や秋雨期など、多発のおそれのあるときは、7日おきに散布する。薬液は葉の表だけでなく裏側にもかける。水和剤には、展着剤を加える。

サプロール乳剤以下に示した薬剤は連用すると耐性菌を生じやすいので、発

病期に2～3回散布したら、ダコニール1000、マンネブダイセンM水和剤またはジマンダイセン水和剤などを1～2回散布する。以下、同様にくり返し、作用性が同じ薬剤の連用をさける。

なお、農薬の希釈倍数や濃度は、特別の場合を除き明記しないので、別掲の農薬一覧表をごらんいただきたい。以下の各病害虫についても同様である。

家庭で、1～2株のバラの薬剤防除を行なうときは、オルトランCまたはカダンDなどのエアゾール剤または花セラピーなどの原液剤が簡便であろう。しかし、簡便ではあっても、黒星病の防除に成功するとはかぎらない。黒星病の防除は耕種的防除と薬剤防除を注意深く組み合わせて実行してはじめて成功するものである。

春の一番花の時期までの防除は比較的容易である。梅雨明けごろまで引きつづき発病がおさえられていれば、防除はもうしぶんない。しかし、秋バラの時期に多発しているときは、梅雨期以後の防除が不十分だったとみられるので、薬剤の選択、散布の方法、散布間隔などについて反省しなければならないだろう。

冬季防除は、登録農薬では通常、バラの黒星病やうどんこ病に適用がない。しかし、同じバラ科のナシやモモなどの黒星病の休眠期防除には石灰硫黄合剤の適用があるので、バラの休眠期に7～8倍の濃厚液を散布する方法は、経験的にみても黒星病やうどんこ病に有効である。筆者の個人的な経験では、ダコニール1000の濃厚液（50倍液）をこの時期に散布しても、同様の効果が期待できる。

庭のバラやバラ園で、1年を通じて黒星病がおさえられていれば、あなたはバラの管理者として一人前である。

黒星病 薬剤の使用法と特性・使用上の注意

商品名	一般名	安全使用基準 時期	安全使用基準 回数	倍率	特性と使用上の注意
ダコニール1000	〈有機塩素剤〉TPN水和剤	−	6回以内	1,000倍	● 保護作用を中心とした殺菌剤で、園芸作物の広範囲の病害に適用がある。バラでは黒星病とうどんこ病に適用がある ● 耐雨性があり、紫外線に対しても安定で残効性があり、予防、治療効果がある ● 作用機構は病原菌の原形質や酵素蛋白に作用すると考えられている ● 花弁に薬液が付着すると漂白、退色などにより斑点を生じることがあるので、着色期以降の花には散布しない ● 皮膚がかぶれることがあるので注意する。魚毒性は強い（C）
ダイセン水和剤、ダイファー水和剤	〈有機硫黄剤〉ジネブ水和剤	−	8回以内	400〜600倍	● 果樹、野菜、花卉などの広範囲の病害に適用がある。バラでは黒星病とさび病に適用がある ● やや遅効性の保護殺菌剤で、その作用機構は病原体内の微量金属を捕捉して、金属欠乏症をおこすといわれる。また、分解物がSH酵素を阻害すると考えられている ● 比較的残効性があり、薬害が少ない。しかし、高温多湿条件下では幼苗に薬害のおそれがある。魚毒性A
ジマンダイセン水和剤	〈有機硫黄剤〉マンゼブ水和剤	−	8回以内	400〜600倍	● 生物活性はマンネブダイセンとジネブダイセンの中間的である。殺菌性はマンネブダイセン並みでジネブダイセンより強いが、薬害はマンネブダイセンよりも少ない ● 園芸用殺菌剤として広く使用されている。バラでは黒星病、さび病、べと病、灰色かび病に適用がある ● 高温多湿条件では軟弱苗などに薬害を生じるおそれがある。石灰硫黄合剤やボルドー液との混用はさける ● 体質によりかぶれることがあるので注意する。魚毒性はやや強い（B）
マンネブダイセンM水和剤	〈有機硫黄剤〉マンネブ水和剤	発病初期	8回以内	400〜600倍	● 殺菌性はジネブダイセンより強いが薬害もやや強い ● 園芸作物の広範囲の病害に使われている。バラでは黒星病、さび病、べと病、灰色かび病に適用がある ● 高温多湿条件下では薬害がでやすい。皮膚にかぶれをおこすことがあるので注意する。魚毒性B

薬剤名	系統	使用時期	使用回数	希釈倍数	特徴
ビスダイセン水和剤	〈有機硫黄剤〉ポリカーバメート水和剤	－	8回以内	400〜600倍	● 対象病害の範囲、効果はマンネブダイセンと同等かやや勝り、薬害はマンネブダイセンより少ない ● 吸湿性があり、密封して乾燥した冷暗所に保管する。魚毒性はやや強い（B）
キャプタン水和剤、オーソサイド水和剤	〈合成殺菌剤〉キャプタン水和剤	－	－	600〜800倍	● 非選択的で園芸作物の広範囲の病害に適用がある。薬害は少なく、汚れも少ない ● 吸湿性があるので貯蔵に注意する。皮膚にかぶれをおこすことがある。魚毒性は強い（C）
サニパー	〈有機硫黄剤〉チアジアジン剤	－	8回以内	400〜800倍	● 保護殺菌剤で、胞子発芽阻害および胞子形成阻害効果がある。果実や花弁を汚さず、薬害のおそれもない。土壌残留の半減期は4日で短い ● 果樹、花卉の各種病害に使われる。バラでは黒星病に適用がある ● 吸湿すると分解するので密封して冷暗所に保管する。アルカリ性薬剤や銅剤との混用はさける。体質によりかぶれることがある
フルピカフロアブル	アニリノピリミジン系剤	発病初期	5回以内	2,000〜3,000倍	● 灰色かび病、黒星病などに有効で、バラではうどんこ病と黒星病に適用がある ● 病原菌が生産する、細胞壁分解酵素の菌体外への分泌を阻害するとともに、病原菌の栄養源であるアミノ酸やグルコースなどの菌体内への取り込みを阻害し、胞子の発芽管伸長、付着器の形成などを抑制する。これらの作用で病原菌の感染を阻害すると考えられている。魚毒性B
トップジンM水和剤	〈ベンゾイミダゾール系剤〉チオファネートメチル水和剤	－	5回以内	1,500〜2,000倍	● 広範囲の病害に有効。植物体内で浸透移行性があり、残効は長い ● 胞子の発芽阻止力は比較的弱いが、子のう殻や胞子の形成阻止力は強い。また、感染防止効果は強く、低濃度でも病斑の拡大を阻止する ● 連用により薬剤耐性菌を生じるおそれがあるので、作用性の異なる薬剤と組み合わせてローテーション散布する

黒星病

薬剤名	系統	時期	回数	希釈倍数	特徴
サプロール乳剤	〈エルゴステロール生合成阻害剤〉トリホリン乳剤	−	5回以内	1,000倍	● EBI剤の一種で、広範囲の糸状菌に対し抗菌力を持ち、葉中で浸透移行性があり、予防効果と治療効果が認められる。バラではうどんこ病と黒星病に適用がある。作物の汚れは少ない ● 胞子の発芽は阻害しないが、発芽管の先端がふくらみ、菌糸の伸長が阻止される ● 高温時の散布は薬害のおそれがあるので、夏季の散布は朝夕の涼しいときに実施する ● 連用すると薬剤耐性菌を生じるおそれがあるので、作用性の異なる薬剤と組み合わせてローテーション散布する。魚毒性A
マネージ乳剤	〈エルゴステロール生合成阻害剤〉イミベンコナゾール剤	発病初期	6回以内	500〜1,000倍	● うどんこ病、さび病に効果があり、バラではうどんこ病と黒星病に適用がある ● エルゴステロールの生合成過程に作用し、菌の生育を阻害する。さらに細胞膜の基本構造であるリン脂質二重層膜に直接作用し、膜構造を破壊する作用のあることも確かめられている ● 連用すると薬剤耐性菌を生じるおそれがある
ラリー乳剤	〈エルゴステロール生合成阻害剤〉ミクロブタニル剤	発病初期	5回以内	3,000〜6,000倍	● うどんこ病、さび病、赤星病などに有効で、バラではうどんこ病と黒星病に適用がある ● 植物体内への浸透移行性があり、散布後の降雨による影響は少ない。ガス効果が認められ、ハウス栽培では、かけむらによる発病防止が期待できる。予防効果もあるが特に治療効果がすぐれている ● 連用すると薬剤耐性菌を生じるおそれがある。魚毒性B
ポジグロール水和剤	〈エルゴステロール生合成阻害剤〉ピリフェノックス剤	−	4回以内	1,000〜1,500倍	● うどんこ病、黒星病、炭疽病などに効果がある ● ピリジン系EBI剤で、治療効果があり、発芽管や菌糸先端を肥大させてその生長を抑制する ● 連用すると薬剤耐性菌を生じるおそれがあるので、作用性の異なる薬剤と組み合わせてローテーション散布する
石灰硫黄合剤	〈無機殺菌剤〉無機硫黄剤	休眠期	−	7〜8倍	● さび病やうどんこ病に殺菌作用があり、ハダニやカイガラムシに対して殺虫作用を持っている ● 硫黄が直接またはその還元生成物の硫化水素が菌を阻害する ● ナシやモモの黒星病の冬季散布に適用があるが、バラには適用がない

バラの病気の見分け方・防ぎ方

名称	種類			使用方法	説明
オルトランC	〈殺虫・殺菌混合剤〉アセフェート・MEP・トリホリンエアゾル	−	−	そのまま噴射	● 家庭園芸用の殺虫・殺菌混合剤で、殺虫成分として有機リン剤のオルトラン・スミチオン、殺菌成分としてステロール生合成阻害剤のサプロールを含む ● バラではアブラムシ類、ハダニ類、うどんこ病、黒星病に適用がある
カダンD	〈殺虫・殺菌混合剤〉アレスリン・TPNエアゾル	−	−	そのまま噴射	● 家庭園芸用の殺虫・殺菌混合剤で、殺虫成分として有機リン系のアレスリン、殺菌成分としてTPN（ダコニール）を含む ● バラとキクに登録がある。バラではアブラムシ類、ハダニ類、チュウレンジハバチ、黒星病、うどんこ病などに適用がある
カダンP	〈殺虫・殺菌混合剤〉ペルメトリン・TPNエアゾル	−	−	そのまま噴射	● 家庭園芸用の殺虫・殺菌混合剤で、殺虫成分として合成ピレスロイド剤のアディオン、殺菌成分としてTPN（ダコニール）を含む ● バラとキクに登録がある。バラではアブラムシ類、ハダニ類、チュウレンジハバチ、黒星病、うどんこ病などに適用がある
アタックワンAL	〈殺虫・殺菌混合剤〉ビフェントリン・ミクロブタニル液剤	発病初期	−	原液をそのままスプレー	● 家庭園芸用の殺虫・殺菌混合剤で、殺虫成分として合成ピレスロイド剤のテルスター、殺菌成分としてステロール生合成阻害剤のラリーを含む ● バラではアブラムシ類、ハダニ類、チュウレンジハバチ、黒星病、うどんこ病などに適用がある
花セラピー	〈殺虫・殺菌混合剤〉フェンプロパトリン・ヘキサコナゾール液剤	−	6回以内	原液をそのままスプレー	● 家庭園芸用の殺虫・殺菌混合剤で、殺虫成分として合成ピレスロイド剤のテルスター、殺菌成分としてステロール生合成阻害剤のラリーを含む ● バラではアブラムシ類、ハダニ類、チュウレンジハバチ、黒星病、うどんこ病などに適用がある
キンチョールS	〈殺虫・殺菌混合剤〉ペルメトリン・トリホリンエアゾル	−	−	そのまま噴射	● 家庭園芸用の殺虫・殺菌混合剤で、殺虫成分として合成ピレスロイド剤のアディオン、殺菌成分としてステロール生合成阻害剤のサプロールを含む ● バラではアブラムシ類、ハダニ類、チュウレンジハバチ、黒星病、うどんこ病などに適用がある
ベニカXスプレー	〈殺虫・殺菌混合剤〉ペルメトリン・ミクロブタニル液剤	−	−	原液をそのままスプレー	● 家庭園芸用の殺虫・殺菌混合剤で、殺虫成分として合成ピレスロイド剤のアディオン、殺菌成分としてステロール生合成阻害剤のラリーを含む ● バラではアブラムシ類、ハダニ類、チュウレンジハバチ、黒星病、うどんこ病などに適用がある

うどんこ病　Powdery mildew

　黒星病とともに最も発生が多く、よく知られている病気である。だれでも知っている病気ではあるが、農薬が効きにくいことがあり、しぶとい病気でもある。施設栽培では最重要病害のひとつであるが、バラ園や庭園など、露地のバラにも広く発生している。

■症状・被害と診断

　症状と被害　はじめ、新梢の伸長期に、若い未熟な葉の表面に水泡状の隆起を生じ、やがてその上に白いかび（菌糸と分生子および分生子柄）がぽつんぽつんと生えてくる。かびは急速に増殖して白粉状となり、若い葉や新梢の表面を覆うようになる。そして、若い葉が波打ったり、新梢がよじれたり奇形になったりする。生長してある程度かたくなった葉は、感染しても変形しないが、やがて白い粉状のかびやフェルト状の菌の集団がびっしりと葉の表面を覆うようになる。病葉はやがて落葉する。

　新梢が生長し、つぼみが大きくなってくるころ、同様の白いかびが花梗、がく、つぼみ、特にその基部に一面に生えてくる。

　発生の激しいときは、若い葉や新梢が白いかびに覆われ、よじれたり奇形となったりする。生長した葉や花梗、あるいはつぼみやがくに白い粉状のかびや菌が密生し、葉は早期に落葉し、花は品質が低下する。

　診断のポイント　初期の感染は若い部分からはじまる。新梢の伸長期に若い葉の表面が水泡状に盛り上がったり波打ったりしていないか注意する。そのような部分に白いかびがわずかにでも見えるならば、うどんこ病の初期である。典型的な症状は白いかびが一面に生えるので、診断は容易である。

　類似症状との見分け方　温室栽培で、多湿時に葉の裏側にもやもやした白いかびが生えることがある。これはべと病のかびである。べと病は葉の表面に紫褐色または黄褐色の病斑が現われ、その裏側に白いかびが生える。うどんこ病

は葉の表面にはっきりした病斑は認められず、白い粉状のかびや菌の集団が生える。

■病原菌と伝染方法

病原菌〔不完全世代：*Oidium* sp.、完全世代：*Sphaerotheca pannosa* (Wallroth : Fries) Leveillé〕は糸状菌の一種で、子のう菌類に属すると考えられているが、日本では、不完全世代の分生子だけで、まだ完全世代の子のう殻が確認されていない。本菌の子のう殻については、アメリカやヨーロッパなど、外国でもまれにしか確認できないといわれている。

病原菌の越冬は、越冬芽に潜在する菌糸や病茎上の分生子あるいは子のう殻などが考えられるが、日本では調査されていないので、伝染源の詳細については不明である。

アメリカなど外国での記載によると、子のう殻がつくられるのはまれなので、本病の伝染源としての重要性は低いと推測されている。戸外のバラでは、寒冷地でも、菌糸は芽の燐片中で越冬可能で、春になり、新芽が展開してくると感染し、新たな分生子を形成するとしている。この後は分生子の空気伝染により、二次伝染をくり返す。暖地や温室では、冬でも分生子による伝染がくり返される。

外国での報告によると、好適湿度の条件下では、分生子の発芽の適温は21℃、菌糸の生育適温は18～25℃である。分生子の発芽の好適湿度は97～99％であるが、水滴中では発芽がおさえられる。

外国での調査結果によると、夜間の高湿度（90～99％）と低温（15～16℃）は分生子の形成、発芽、感染の好適条件とされ、昼間のやや高温（26～27℃）で低湿度（40～70％）は分生子の成熟と飛散の好適条件であるという。このことから、温室栽培では、夏季の高温期を除き、秋から翌春まで発生が多く、戸外では秋冷の時期に晴天がつづくと発生しやすい。

■耕種的防除

露地・温室のいずれでも、圃場衛生に留意し、落葉はまとめて焼きすてる。

開花後のせん定では病枝は取り除き、冬季または春先のせん定では、弱小枝や残存する葉は残らず切除する。

温室では夜間の湿度をできるだけおさえるために、通風と換気をはかる。さらに秋冷の時期には急激な気温の低下をさけるために暖房する。

■薬剤による防除

早期発見につとめ、初発を認めたら、すぐにダコニール1000、ハーモメイト水溶剤、フルピカフロアブル、ピリカット乳剤、ミラネシン水溶剤、サンヨール、トップジンM水和剤などに展着剤を加えて、7日おきに散布する。

多発のきざしがあるときは、トリフミン乳剤、サプロール乳剤、アンビルフロアブル、マネージ乳剤、ラリー乳剤などのEBI剤（菌の細胞膜をつくるエルゴステロールを阻害する薬剤）を5日おきに散布する。ただし、EBI剤やトップジンM水和剤などは連用すると耐性菌が生じやすいので、連用は2～3回にとどめ、作用性のちがう薬剤と組み合わせて順番に散布する。

ハウスや温室では、多発時には、トリフミンジェットまたはサングロールなどでくん煙するのもよい。

毎年発生の多いところでは、例年の発生時期の直前から、初発時に準じて予防散布する。

発病がおさえられないときは、薬剤の種類が適切でなかったとみられるが、耐性菌の発生も考えられるので、数種の薬剤によるローテーション散布につとめる。

なお、休眠期の防除として、石灰硫黄合剤の濃厚液（7～8倍液）を1～2月中に散布すると、黒星病同様、うどんこ病の越冬病原菌にも効果が期待できる。

うどんこ病　薬剤の使用法と特性・使用上の注意

商品名	一般名	安全使用基準		倍率・使用量	特性と使用上の注意
		時期	回数		
ダコニール1000	〈有機塩素剤〉TPN水和剤	—	6回以内	1,000倍	● 保護作用を中心とした殺菌剤で、園芸作物の広範囲の病害に適用がある。バラでは黒星病とうどんこ病に適用がある ● 耐雨性があり、紫外線に対しても安定で残効性があり、予防、治療効果がある ● 作用機構は病原菌の原形質や酵素蛋白に作用すると考えられている ● 花弁に薬液が付着すると漂白、退色などにより斑点を生じることがあるので、着色期以降の花には散布しない ● 皮膚がかぶれることがあるので注意する。魚毒性は強い（C）
ハーモメイト水溶剤	〈無機殺菌剤〉炭酸水素ナトリウム	発病初期	8回以内	800倍	● 野菜やバラのうどんこ病に対して治療効果が認められている。バラではうどんこ病と灰色かび病に適用がある ● 分生子の発芽、形成に強い抑制作用を示す ● 幼苗時や高温時の散布は薬害のおそれがある。過度の連続散布は、葉の周縁の黄化や硬化をもたらすことがある
フルピカフロアブル	アニリノピリミジン系剤	発病初期	5回以内	2,000～3,000倍	● 灰色かび病、黒星病などに有効で、バラではうどんこ病と黒星病に適用がある ● 病原菌が生産する、細胞壁分解酵素の菌体外への分泌を阻害するとともに、病原菌の栄養源であるアミノ酸やグルコースなどの菌体内への取り込みを阻害し、胞子の発芽管伸長、付着器の形成などを抑制する。これらの作用で病原菌の感染を阻害すると考えられている。魚毒性B
ピリカット乳剤	〈ジフルメトリム剤〉ジフルメトリム乳剤	発病初期	6回以内	2,000倍	● バラのうどんこ病やキクの白さび病に効果がある ● 病原菌の胞子発芽阻害および菌糸伸長阻害を引き起こす。EBI剤に対する耐性菌にも有効 ● 目や皮膚に刺激性があるのでかぶれに注意する。魚毒性が強いので河川、湖沼、養魚池の周辺では使用しない。魚毒性C

薬剤名	系統・成分		使用回数	希釈倍数	特徴
ミラネシン水溶剤	〈抗生物質剤〉ミルディオマイシン剤	−	8回以内	1,000〜2,000倍	● バラ、マサキ、サルスベリのうどんこ病に適用がある ● 放線菌の一種によって生産される抗生物質で、うどんこ病の菌糸伸長を強く阻止し、吸器形成、分生子柄および分生子の形成、胞子発芽などを阻害する ● 浸透移行性があり、治療効果がある。作用機作については、蛋白合成阻害および細胞壁合成阻害が知られている
サンヨール	〈銅剤〉DBEDC剤	−	−	500倍	● 有機銅殺菌剤の一種で、野菜、花卉類のうどんこ病、オンシツコナジラミなどに効果がある ● 保護殺菌剤であるが、植物体内への浸透性もあると考えられる ● 汚れが少ないが、高温時の散布は薬害のおそれがある
ヨネポン	〈銅剤〉ノニルフェノールスルホン酸銅剤	−	6回以内	500倍	● 浸透性があり、植物体内の病原菌にも防除作用が認められている。汚れが少ないが、雨水に流されやすい ● 高温時の散布は薬害のおそれがある。魚毒性はやや強い（B）
トップジンM水和剤	〈ベンゾイミダゾール系剤〉チオファネートメチル水和剤	−	5回以内	1,500〜2,000倍	● 広範囲の病害に有効。植物体内で浸透移行性があり、残効は長い ● 胞子の発芽阻止力は比較的弱いが、子のう殻や胞子の形成阻止力は強い ● 感染防止効果は強く、低濃度でも病斑の拡大を阻止する ● 連用により薬剤耐性菌を生じるおそれがあるので、作用性の異なる薬剤と組み合わせてローテーション散布する
サプロール乳剤	〈エルゴステロール生合成阻害剤〉トリホリン乳剤	−	5回以内	1,000倍	● EBI剤の一種で、広範囲の糸状菌に対し抗菌力を持ち、葉中で浸透移行性があり、予防効果と治療効果が認められる。バラではうどんこ病と黒星病に適用がある。作物の汚れは少ない ● 胞子の発芽は阻害しないが、発芽管の先端がふくらみ、菌糸の伸長が阻止される ● 高温時の散布は薬害のおそれがあるので、夏季の散布は朝夕の涼しいときに実施する ● 連用すると薬剤耐性菌を生じるおそれがあるので、作用性の異なる薬剤と組み合わせてローテーション散布する。魚毒性A

トリフミン乳剤	〈エルゴステロール生合成阻害剤〉トリフルミゾール乳剤	−	5回以内	2,000倍	● EBI剤の一種で、広範囲の病害に効果を示す。抗菌性は広く、うどんこ病、黒星病、ナシ赤星病、その他多くの病害に有効である。予防効果と治療効果がある ● 植物体内での移行性は比較的弱いが、ガス効果がある ● 胞子の発芽は阻害しないが、菌糸の伸長、病斑の形成、拡大、胞子の形成を阻害する ● 連用すると薬剤耐性菌を生じるおそれがある ● 茎葉散布剤として用いられるほか、くん煙剤としても使用される
アンビルフロアブル	〈エルゴステロール生合成阻害剤〉ヘキサコナゾール剤	発病初期	7回以内	1,000〜2,000倍	● 浸透移行性があり、予防効果と治療効果が認められる。外国では野菜、果樹の病害防除に使用されているが、日本では果樹の黒星病、赤星病、輪紋病、さび病、うどんこ病などに登録されている。バラではうどんこ病に適用がある ● 病原菌の発芽管および菌糸の伸長を阻害することにより、植物体への侵入、病斑拡大、病斑上の分生子形成を抑制する ● 連用すると薬剤耐性菌を生じるおそれがある。魚毒性B
マネージ乳剤	〈エルゴステロール生合成阻害剤〉イミベンコナゾール剤	発病初期	6回以内	500〜1,000倍	● うどんこ病、さび病に効果があり、バラではうどんこ病と黒星病に適用がある ● エルゴステロールの生合成過程に作用し、菌の生育を阻害する。さらに細胞膜の基本構造であるリン脂質二重層膜に直接作用し、膜構造を破壊する作用のあることも確かめられている ● 連用すると薬剤耐性菌を生じるおそれがある
ラリー乳剤	〈エルゴステロール生合成阻害剤〉ミクロブタニル剤	発病初期	5回以内	3,000〜6,000倍	● うどんこ病、さび病、ナシ赤星病などに有効で、バラではうどんこ病と黒星病に適用がある ● 植物体内への浸透移行性があり、散布後の降雨による影響は少ない。ガス効果が認められ、ハウス栽培では、かけむらによる発病防止が期待できる。予防効果もあるが特に治療効果がすぐれている ● 連用すると薬剤耐性菌を生じるおそれがある。魚毒性B

うどんこ病

薬剤名	系統・成分	時期	回数	希釈倍数	特徴
トリフミンジェット	〈エルゴステロール生合成阻害剤〉トリフルミゾールくん煙剤	−	5回以内	50g/400m³	● EBI剤の一種で、広範囲の病害に効果を示す。抗菌性は広く、うどんこ病、黒星病、ナシ赤星病、その他多くの病害に有効である。予防効果と治療効果がある ● 植物体内での移行性は比較的弱いが、ガス効果がある ● 胞子の発芽は阻害しないが、菌糸の伸長、病斑の形成、拡大、胞子の形成を阻害する ● 本剤はトリフルミゾールを10％含有するくん煙剤で、ハウス、温室などで、野菜やバラのうどんこ病、トマトの葉かび病、キクの白さび病などに適用がある
サングロール	〈エルゴステロール生合成阻害剤〉ビリフェノックスくん煙剤	−	4回以内	20g/200m³	● EBI剤の一種で、菌の発芽管や菌糸の先端をふくらませてその生長を抑制する。治療効果があり、水和剤として果樹類のうどんこ病その他の病害に使われている ● 本剤はくん煙剤としての製剤で、施設のイチゴやバラのうどんこ病に適用がある
石灰硫黄合剤	〈無機殺菌剤〉無機硫黄剤	休眠期	−	7～8倍	● さび病やうどんこ病に殺菌作用があり、ハダニやカイガラムシに対して殺虫作用を持っている ● 硫黄が直接またはその還元生成物の硫化水素が菌を阻害する ● ナシやモモの黒星病の冬季散布に適用があるが、バラには適用がない
オルトランC	〈殺虫・殺菌混合剤〉アセフェート・MEP・トリホリンエアゾル	−	−	そのまま噴射	● 家庭園芸用の殺虫・殺菌混合剤で、殺虫成分として有機リン剤のオルトラン、スミチオン、殺菌成分としてステロール生合成阻害剤のサプロールを含む ● バラではアブラムシ類、ハダニ類、うどんこ病、黒星病に適用がある
カダンD	〈殺虫・殺菌混合剤〉アレスリン・TPNエアゾル	−	−	そのまま噴射	● 家庭園芸用の殺虫・殺菌混合剤で、殺虫成分として有機リン系のアレスリン、殺菌成分としてTPN（ダコニール）を含む ● バラとキクに登録がある。バラではアブラムシ類、ハダニ類、チュウレンジハバチ、黒星病、うどんこ病などに適用がある
カダンP	〈殺虫・殺菌混合剤〉ペルメトリン・TPNエアゾル	−	−	そのまま噴射	● 家庭園芸用の殺虫・殺菌混合剤で、殺虫成分として合成ピレスロイド剤のアディオン、殺菌成分としてTPN（ダコニール）を含む ● バラとキクに登録がある。バラではアブラムシ類、ハダニ類、チュウレンジハバチ、黒星病、うどんこ病などに適用がある

薬剤名	種類・成分	使用時期	使用回数	使用方法	備考
アタックワンAL	〈殺虫・殺菌混合剤〉ビフェントリン・ミクロブタニル液剤	発病初期	—	原液をそのままスプレー	● 家庭園芸用の殺虫・殺菌混合剤で、殺虫成分として合成ピレスロイド剤のテルスター、殺菌成分としてステロール生合成阻害剤のラリーを含む ● バラではアブラムシ類、ハダニ類、チュウレンジハバチ、黒星病、うどんこ病などに適用がある
花セラピー	〈殺虫・殺菌混合剤〉フェンプロパトリン・ヘキサコナゾール液剤	—	6回以内	原液をそのままスプレー	● 家庭園芸用の殺虫・殺菌混合剤で、殺虫成分として合成ピレスロイド剤のテルスター、殺菌成分としてステロール生合成阻害剤のラリーを含む ● バラではアブラムシ類、ハダニ類、チュウレンジハバチ、黒星病、うどんこ病などに適用がある
キンチョールS	〈殺虫・殺菌混合剤〉ペルメトリン・トリホリンエアゾル	—	—	そのまま噴射	● 家庭園芸用の殺虫・殺菌混合剤で、殺虫成分として合成ピレスロイド剤のアディオン、殺菌成分としてステロール生合成阻害剤のサプロールを含む ● バラではアブラムシ類、ハダニ類、チュウレンジハバチ、黒星病、うどんこ病などに適用がある
ベニカXスプレー	〈殺虫・殺菌混合剤〉ペルメトリン・ミクロブタニル液剤	—	—	原液をそのままスプレー	● 家庭園芸用の殺虫・殺菌混合剤で、殺虫成分として合成ピレスロイド剤のアディオン、殺菌成分としてステロール生合成阻害剤のラリーを含む ● バラではアブラムシ類、ハダニ類、チュウレンジハバチ、黒星病、うどんこ病などに適用がある

斑点病 Leaf spots

各地でときにより発生するが、発生は散発的で、被害を生ずることはほとんどないようである。

■症状・被害と診断

症状と被害　中下位葉に斑点性の病斑が現われる。はじめは紫褐色または紫紅色の直径1〜4mm程度の小斑点であるが、のちに拡大あるいは融合し、円形、長円形または不整形の病斑となる。病斑の内部は周囲よりも色が淡く、淡褐色または灰色になる。病斑が古くなると小さな黒いつぶつぶができる。

発生の多いときは、周囲が紫褐色または紫紅色で内部が灰色または淡褐色の円形、または不整形の大小の斑点性病斑が多数できる。

診断のポイント　中下位葉に斑点性の病斑が現われる。病斑は周囲が紫褐色または紫紅色で、内部は淡褐色または灰色である。

類似症状との見分け方　葉に現われる斑点性の病斑は多くの場合、黒星病である。黒星病の病斑は、黒紫色でその周囲はなめらかな曲線ではなく、羽毛状、または放射状でギザギザしている。また、病斑の周辺は黄変することが多く、落葉しやすい。これに対して、斑点病の病斑は周囲が紫褐色または紫紅色で、比較的なめらかな線で囲まれ、内部は淡褐色または灰色である。

■病原菌と伝染方法

病原菌（完全世代：*Mycosphaerella rosicola* Davis ex Deighton、不完全世代：*Cercospora rosicola* Passerini）は糸状菌の一種で子のう菌類に属し、子のう殻、子のう胞子、分生子を形成する。子のう殻は被害株上または落葉上でつくられ、越年し、翌年の伝染源となる。

春から夏の病斑上には分生子がつくられ、その飛散により伝染する。発病の生態に関するくわしい報告は見当たらないが、春〜夏の時期に雨天が多く、多

湿のときに発生が多いようである。

■耕種的防除

温室栽培、露地栽培ともに、圃場衛生に留意し、落葉などの清掃につとめる。病葉は見つけしだい摘除する。

■薬剤による防除

発病を認めたときは、ダコニール1000、ジマンダイセン水和剤、マンネブダイセンM水和剤、ダイファー水和剤などを7日おきに2〜3回散布する。黒星病の予防散布は本病の防除にも有効と考えられる。

斑点病 薬剤の使用法と特性・使用上の注意

商品名	一般名	安全使用基準		倍率	特性と使用上の注意
		時期	回数		
ダコニール1000	〈有機塩素剤〉TPN水和剤	—	6回以内	1,000倍	● 保護作用を中心とした殺菌剤で、園芸作物の広範囲の病害に適用がある。バラでは黒星病とうどんこ病に適用がある ● 耐雨性があり、紫外線に対しても安定で残効性があり、予防、治療効果がある ● 作用機構は病原菌の原形質や酵素蛋白に作用すると考えられている ● 花弁に薬液が付着すると漂白、退色などにより斑点を生じることがあるので、着色期以降の花には散布しない ● 皮膚がかぶれることがあるので注意する。魚毒性は強い（C）
ダイセン水和剤、ダイファー水和剤	〈有機硫黄剤〉ジネブ水和剤	—	8回以内	400〜600倍	● 果樹、野菜、花卉などの広範囲の病害に適用がある ● やや遅効性の保護殺菌剤で、その作用機構は病原体内の微量金属を捕捉して、金属欠乏症をおこすといわれる。また、分解物がSH酵素を阻害すると考えられている ● 比較的残効性があり、薬害が少ない。しかし、高温多湿条件下では幼苗に薬害のおそれがある

ジマンダイセン水和剤	〈有機硫黄剤〉マンゼブ水和剤	—	8回以内	400〜600倍	● 生物活性はマンネブダイセンとジネブダイセンの中間的である。殺菌性はマンネブダイセン並みでジネブダイセンより強いが、薬害はマンネブダイセンよりも少ない ● 園芸用殺菌剤として広く使用されている。バラでは黒星病、さび病、べと病、灰色かび病に適用がある ● 高温多湿条件では軟弱苗などに薬害を生じるおそれがある。石灰硫黄合剤やボルドー液との混用はさける ● 体質によりかぶれることがあるので注意する。魚毒性はやや強い（B）
マンネブダイセンM水和剤	〈有機硫黄剤〉マンネブ水和剤	発病初期	8回以内	400〜600倍	● 殺菌性はジネブダイセンより強いが薬害もやや強い ● 園芸作物の広範囲の病害に使われている。バラでは黒星病、さび病、べと病、灰色かび病に適用がある ● 高温多湿条件下では薬害がでやすい。皮膚にかぶれをおこすことがあるので注意する。魚毒性B
ビスダイセン水和剤	〈有機硫黄剤〉ポリカーバメート水和剤	—	8回以内	400〜600倍	● 対象病害の範囲、効果はマンネブダイセンと同等かやや勝り、薬害はマンネブダイセンより少ない ● 吸湿性があり、密封して乾燥した冷暗所に保管する。魚毒性はやや強い（B）

斑点病

べと病　Downy mildew

　べと病は、野菜などでは露地栽培で雨の多い時期に多発生している病気であるが、バラのべと病は、施設栽培で発生しているにもかかわらず、露地栽培ではめったに見かけないのは不思議である。

■症状・被害と診断
　症状と被害　葉、茎、花梗に発生し、ときにがく基部、花弁にも発生する。初期の感染は主として若い葉にかぎられる。葉の病斑ははじめ小さな水浸状の斑点であるが、やがて直径1cm前後の不整形の灰褐色または紫褐色のしみ状となる。湿度が高い環境条件では病斑の裏側に白いもやもやしたかび（分生子と分生子柄）が生えるが、湿度が低いときはかびはほとんど認められない。病葉は部分的に黄変し、小葉は落葉しやすくなる。
　茎や花梗では、紫褐色または暗褐色の斑点が現われ、のちに拡大して長さ2cm以上の細長い病斑となる。
　施設内が常に多湿の場合は多発し、紫褐色のしみ状病斑が多数生じ、病斑裏面には、もやもやした白いかびが密生する。小葉は黄変し、つぎつぎに落葉する。茎や花梗にも暗褐色の病斑が現われ、花弁にもしみ状の斑点が現われる。
　診断のポイント　晩秋から春にかけて、施設栽培では発生に注意する必要がある。新しい茎の伸長期の若い葉に不整形の紫褐色しみ状の病斑が現われる。多湿のときは病斑裏面に白っぽいもやもやしたかびが生えやすい。病小葉は病斑の周辺が黄変し、落葉しやすい。
　類似症状との見分け方　農薬散布による薬害で葉にしみ状の斑点や大小の不整形褐色斑点を生じることがある。これらの斑点はときにより、べと病の病斑とまぎらわしいことがあるが、やがて斑点部分は枯死する。べと病の病斑は容易に枯死せずに落葉の原因となるので区別できる。白いかびが生える点で、うどんこ病とべと病がまぎらわしいことがあるが、うどんこ病のかびは葉の表裏

両面に生じるのに対して、べと病では葉の裏面だけに生じるので区別できる。

■病原菌と伝染方法

病原菌（*Peronospora sparsa* Berkeley）は鞭毛菌類に属する糸状菌の一種で、分生子、分生子柄、卵胞子を生じる。分生子柄は多湿時に病葉裏面の気孔からかたまって生え、枝状に分岐した先端に分生子を生じる。卵胞子はときにより病組織内に生じる。病原菌は通常は茎の病斑部で菌糸の形で越冬するが、卵胞子で越冬することもある。分生子は低温で多湿の条件がつづくとつくられる。しかし、湿度が85％以下では感染しない。分生子の発芽の適温は18℃である。

分生子は水滴中では容易に発芽し、感染好適条件下では感染3日後に葉裏に分生子を形成する。落葉上の分生子は乾燥条件でも1カ月間生存する。

伝染源は施設栽培のバラ自身で、病葉や病茎上につくられる分生子の飛散によりまん延する。露地栽培よりも施設栽培で晩秋から春にかけて発生しやすい。茎や花茎の伸長期に、低温・多湿の環境がつづくと発生が助長される。特に夕方の気温降下時に、ハウスや温室内に霧が立ちこめて、結露するような施設では多発しやすい。排水不良の施設では、このような現象が現われやすい。

露地バラではほとんど発生を見ることはないが、低湿地などの不良環境のバラ園では、5〜6月に曇雨天がつづくと発生することがある。

■耕種的防除

低湿地や排水不良地での栽培をさける。ハウスや温室の換気と通風を励行し、施設内の湿度の上昇をおさえる。低温期には多湿になりやすいので、夕方は早めに暖房し、湿度を下げる。

施設、露地のいずれでも圃場衛生に留意する。病葉、病茎、病花などは伝染源となるので、見つけしだい切り取り、焼却する。

■薬剤による防除

発病初期にマンネブダイセンM水和剤、ジマンダイセン水和剤またはダイセンステンレスのいずれかを7日おきに散布する。

晩秋から翌春にかけて、べと病が常発する施設では発病前から上記の薬剤を予防的に散布する。べと病の初期は見逃がしやすいので、晩秋以降は早期発見につとめることが大切である。

薬剤は新葉など茎の先端部分やつぼみなどにていねいにかける。また、葉の表面だけでなく裏面にもかける。新葉は薬剤が付着しにくいので、展着剤を加える。ただし、濃厚液は薬害の原因となるので、農薬の濃度は正確にする。

べと病 薬剤の使用法と特性・使用上の注意

商品名	一般名	安全使用基準		倍率	特性と使用上の注意
		時期	回数		
マンネブダイセンM水和剤	〈有機硫黄剤〉マンネブ水和剤	発病初期	8回以内	400〜600倍	● 殺菌性はジネブダイセンより強いが薬害もやや強い ● 園芸作物の広範囲の病害に使われている。バラでは黒星病、さび病、べと病、灰色かび病に適用がある ● 高温多湿条件下では薬害がでやすい。皮膚にかぶれをおこすことがあるので注意する。魚毒性B
ジマンダイセン水和剤	〈有機硫黄剤〉マンゼブ水和剤	−	8回以内	400〜600倍	● 生物活性はマンネブダイセンとジネブダイセンの中間的である。殺菌性はマンネブダイセン並みでジネブダイセンより強いが、薬害はマンネブダイセンよりも少ない ● 園芸用殺菌剤として広く使用されている。バラでは黒星病、さび病、べと病、灰色かび病に適用がある ● 高温多湿条件では軟弱苗などに薬害を生じるおそれがある。石灰硫黄合剤やボルドー液との混用はさける ● 体質によりかぶれることがあるので注意する。魚毒性はやや強い（B）
ダイセンステンレス	〈有機硫黄剤〉アンバム液剤	−	8回以内	1,500〜2,000倍	● ジネブダイセンの亜鉛をアンモニウムに変えたものである。水溶性でジネブダイセンより浸透力があり、直接殺菌力が大きい ● 多くの菌類病の発生初期に有効であるが、発病後期の散布は効力が低い ● 散布による汚れがないのが特徴である。花卉類に対して高温時の散布は薬害のおそれがあるのでさける ● アルカリ性の農薬および銅剤との混用はできない

さび病 Rust

おもに施設栽培のバラに発生するが、バラ園など露地栽培のバラでも発生することがある。

■症状・被害と診断

症状と被害　葉や茎やがくに発生する。葉では、4～5月ごろ、葉の裏側に小さな赤橙色（オレンジ色）の粉状物が生じる。これはさび病菌の無性時代（不完全時代）の胞子のかたまり（夏胞子層）である。やがて、その葉の表面には橙黄色または黄色の斑点あるいは退緑斑点が現われる。同じころ、若い枝やがくにもオレンジ色の粉状物（夏胞子層）が生じることがある。

夏から秋には、夏胞子層の生じている病葉に黒色の粉状物（冬胞子層）が現われる。

春に初発生した葉の裏側の夏胞子層は夏にかけてしだいに増殖し、葉裏をびっしりと覆うようになる。はげしくおかされた病葉はやがて落葉する。多発状態を放置しておくと、早期落葉がすすみ、株はしだいに衰弱し、シュートの発生も不良となる。

茎に生じた夏胞子層も増殖をくり返して大きくなり、ときによると、茎が奇形になる。秋にかけて、病葉にも病茎にも黒い粉状物の冬胞子層が多数生じ、越冬病原菌となり、翌春の伝染源となる。

診断のポイント　春から初夏にかけて、葉の表面に退緑斑点や黄色斑点、あるいはオレンジ色の斑点が認められたら、葉の裏側を調べる。葉の裏側にオレンジ色の小さな粉状物が盛り上がっていれば、さび病にまちがいない。

夏から秋のころであれば、病斑の裏側のオレンジ色の粉状物に黒色の粉状物が混在し、秋が深まるにつれ、黒色の粉状物が増加する。

類似症状との見分け方　葉の表側に白っぽい小斑点や退色斑点が生じるものに、ハダニの被害とウイルス病がある。しかし、さび病であれば、葉の裏側に

オレンジ色の夏胞子層が見られるので、診断に迷うことはない。

■病原菌と伝染方法

バラのさび病の病原菌〔(1) *Kuehneola japonica* (Dietel) Dietel (2) *Phragmidium fusiforme* Schröter (3) *P. mucronatum* (Persoon) Schlechtendahl (4) *P. rosae-multiflorae* Dietel〕として、日本では、担子菌に属する4種の糸状菌が知られているが、外国ではさらに多くのさび病菌が報告されている。しかし、栽培の主流である四季咲大輪種（ハイブリッド・ティ系）と四季咲中輪房咲種（フロリバンダ系）に発生する主要な病原菌はかぎられているようである。日本では、上記4種のさび病菌の、栽培バラやノバラにおける発生状況は明らかでないが、北アメリカでは、*P. mucronatum* が栽培バラの主要病原菌とされ、ヨーロッパでは、*P. tuberculatum* が最重要病原菌とされている。

さび病菌は通常、さび柄胞子、さび胞子、夏胞子、冬胞子および小生子を生じるが、種によっては、これらの胞子の一部だけしか知られていないものもある。また、さび病菌には、世代の一部を中間宿主で過ごすものがあるが、バラのさび病菌では中間宿主は知られていない。

本病の発生生態については不明の点が多いが、病原菌は、バラの病葉および病枝上で冬胞子層の形で越冬し、翌春、小生子を生じ、バラへの伝染源になるとみられる。春に発病した葉や若枝には夏胞子層が生じる。夏胞子は春から夏のあいだ増殖し、感染をくり返し、無数の夏胞子層が病葉や病枝を覆うようになる。夏胞子層や冬胞子層からは、それぞれ夏胞子や冬胞子あるいは小生子が飛散し、空気伝染する。胞子は気孔から侵入・感染する。

さび病菌の感染適温は外国での報告によると、18～21℃である。また、27℃以上の高温になると、活性が低下してくるという。したがって、発生好適環境は、やや冷涼で多湿の条件である。通常、4～5月に初発が見られ、温室では冷気の流れ込む出入口や換気部などで集中して発生しやすい。しかし、真夏の高温下では、発病・進展がおさえられる。

さび病

■耕種的防除

　発病が認められたら、病葉はできるだけ早く摘除し焼却する。冬季または春先のせん定では越冬した前年生の葉や弱小枝は残らず切除する。これらには、越冬病原菌が生存しているおそれがある。常時、圃場衛生に留意し、伝染源の除去につとめる。

■薬剤による防除

　初発が認められたら、すぐにジマンダイセン水和剤、マンネブダイセンM水和剤、ダイセン（ダイファー）水和剤などのいずれかを7～10日おきに数回散布する。本病が常発するところでは、初発前からジマンダイセン水和剤またはマンネブダイセンM水和剤などを10日おきに予防散布する。多発のおそれがあるときは、7日おきに数回散布する。

　毎年発生するところでは、薬剤散布とあわせて、冬季や春季のせん定方法、圃場衛生などについても検討する。

ガーデン パーティ

さび病　薬剤の使用法と特性・使用上の注意

商品名	一般名	安全使用基準		倍率	特性と使用上の注意
		時期	回数		
ジマンダイセン水和剤	〈有機硫黄剤〉マンゼブ水和剤	－	8回以内	400〜600倍	● 生物活性はマンネブダイセンとジネブダイセンの中間的である。殺菌性はマンネブダイセン並みでジネブダイセンより強いが、薬害はマンネブダイセンよりも少ない ● 園芸用殺菌剤として広く使用されている。バラでは黒星病、さび病、べと病、灰色かび病に適用がある ● 高温多湿条件では軟弱苗などに薬害を生じるおそれがある。石灰硫黄合剤やボルドー液との混用はさける ● 体質によりかぶれることがあるので注意する。魚毒性はやや強い（B）
マンネブダイセンM水和剤	〈有機硫黄剤〉マンネブ水和剤	発病初期	8回以内	400〜600倍	● 殺菌性はジネブダイセンより強いが薬害もやや強い ● 園芸作物の広範囲の病害に使われている。バラでは黒星病、さび病、べと病、灰色かび病に適用がある ● 高温多湿条件下では薬害がでやすい。皮膚にかぶれをおこすことがあるので注意する。魚毒性B
ダイセン水和剤、ダイファー水和剤	〈有機硫黄剤〉ジネブ水和剤	－	8回以内	400〜600倍	● 果樹、野菜、花卉などの広範囲の病害に適用がある。バラでは黒星病とさび病に適用がある ● やや遅効性の保護殺菌剤で、その作用機構は病原体内の微量金属を捕捉して、金属欠乏症をおこすといわれる。また、分解物がSH酵素を阻害すると考えられている ● 比較的残効性があり、薬害が少ない。しかし、高温多湿条件下では幼苗に薬害のおそれがある。魚毒性A

灰色かび病　Botrytis blight

　無精者といっては言いすぎかもしれないが、多忙で手がまわりかねている庭のバラで、咲きがらにかびがびっしり生えているのを見かけることがある。この病気は開花期に長雨がつづき、冷涼で多湿のときは、施設および露地を問わず、世界中のバラに発生するが、アメリカでは出荷中の市場病害としても問題になっている。

■症状・被害と診断

　症状と被害　開花期またはつぼみの時期に、雨が多く、多湿で冷涼の日がつづくと発生のおそれがある。花では、はじめ花弁に水浸状の斑点が現われる。やがて斑点は褐変し、拡大して軟化腐敗し、その表面は灰褐色のかび（菌糸と分生子柄と分生子からなる）で覆われる。後になると花全体が腐敗し、その表面に灰褐色のかびが密生する。腐敗した花弁が若い葉の上に落下したり、葉に触れたりすると、葉もおかされて、腐敗し、同様のかびが生える。

　つぼみでは、はじめ変色した小斑点が現われるが、やがて斑点は拡大融合し、つぼみは軟化腐敗して灰褐色のかびに覆われる。おかされたつぼみは開花しない。多湿がつづくと、腐敗はつぼみから花梗へと広がり、枝枯れとなり、灰褐色のかびに覆われる。

　枝や花梗では、つぼみや花の発病に引きつづいて、切り花や咲きがらのせん定後に切り口から感染発病することもある。発病枝は褐変し、病斑上に灰褐色のかびを生じ、のちに黒色の扁平な菌核が形成される。

　冷涼・多湿の天候がつづくと、多数のつぼみや花がおかされて、灰褐色のかびに覆われて腐敗する。

　診断のポイント　開花期に花やつぼみに生じる斑点性の変色や退色斑に注意する。雨の日がつづき、多湿の状態が長びくときは特に注意する。花やつぼみの退色斑に灰褐色のかびが少しでも生じていれば、灰色かび病の初期である。

発病の激しいときは、花やつぼみが灰褐色のかびで覆われるので、診断は容易である。

類似症状との見分け方　花やつぼみの斑点は農薬の薬害や薬斑によることもある。灰色かび病であれば、やがて腐敗が広がるが、薬害や薬斑の場合は広がらない。アザミウマの加害により、花弁にしみ状の変色が現われることもあるが、灰色かび病で見られるようなかびは生じないので、本病とは区別できる。

■病原菌と伝染方法

病原菌（*Botrytis cinerea* Persoon）は糸状菌の一種で不完全菌類に属する。病斑上に長い分生子柄と分生子を生じ、ときに黒色の不整形扁平菌核を生じる。本菌は宿主範囲がきわめて広く、多くの野菜、花、果樹類をおかし、分生子や菌核を形成するほか、腐生的に枯死植物や落葉などの有機物上でも生存している。したがって、伝染源はいたるところにあるとみられる。

バラでは、枯死枝や腐敗花弁上の菌糸や菌核で越冬し、伝染源となるが、バラ以外の多くの宿主も伝染源となっているとみられる。気温15℃前後で多湿の条件がつづくと、越冬した菌糸や菌核から分生子を生じ、伝染する。病斑上の分生子は空気の流れとともに浮遊し、空気伝染する。本菌は花弁などの軟弱な組織では容易に感染するが、成熟した葉や茎では傷などがないかぎり感染しにくい。

戸外のバラでは、開花期に降雨が多く冷涼で多湿の条件がつづくと発生しやすい。温室でも同様の気象条件のときに発生しやすいが、特に夕方など外気温が下がり、施設内の湿度が上がって霧が立ちこめるようなときに発生しやすい。

■耕種的防除

温室など施設では通風と換気をし、さらに日没時などの気温急冷時には暖房し、湿度の上昇をおさえる。施設、戸外ともに、圃場衛生に留意し、発病したつぼみ、花、枝などは見つけしだい切除する。また、満開を過ぎた花や咲きがらは早めに整理する。かびの付着したおそれのあるせん定バサミなどは洗浄後ふきとってから使用する。

■薬剤による防除

発病初期から、ハーモメイト水溶剤またはロブラール水和剤を7日おきに2～3回散布する。

発生しやすい温室や戸外のバラでは、開花前にロブラール水和剤、ジマンダイセン水和剤、マンネブダイセンM水和剤などのいずれかを7日おきに2～3回予防散布する。開花前に冷涼で多湿の気象条件がつづくときは予防散布することが望ましい。

―― 東京のバラ園 ――

　大学の近くにバラ園があった。井の頭線を背にし、三方を住宅に囲まれた盆地のような地形で、バラ園にむいているとは思われなかったが、無人の踏み切りをまたぎ、細い坂道をたどって、そこへ降り立つと、空気は一変するのであった。赤、白、黄、ピンク、オレンジなど、色とりどりのバラが、にぎやかに咲き誇っていた。

　古くは、郊外電車沿線ののどかな田園地帯であったようだが、渋谷にほど近い井の頭線沿線の住宅街が、いつまでも郊外であるはずはなかったろう。「昔は、広々としたのどかなバラ園だったのですが、いまでは、住宅に囲まれて、見本市のようなバラ園になってしまって。苗の養成や栽培は郊外のほ場でやってるんですよ」。いかにも、バラ好きを思わせる、人のよい園主さんがにこにこしながら説明してくれるのだった。

　教養学部の2年間に、何回足を運んだことか。ここは、私にとって、格好の息抜きとリフレッシュの場であった。そればかりでなく、何回となく園内を見回るうちに、品種の特徴やせん定のコツを自然と知るようになった。

　あれから四十有余年、東京の渋谷に近い、あのバラ園は、いまなお花を咲かせているだろうか。

灰色かび病

灰色かび病　薬剤の使用法と特性・使用上の注意

商品名	一般名	安全使用基準 時期	安全使用基準 回数	倍率	特性と使用上の注意
ロブラール水和剤	〈ジカルボキシイミド系剤〉イプロジオン剤	—	—	1,000倍	● ボトリチス属菌、スクレロチニア属菌およびアルタナリア属菌などにすぐれた効果があり、特に予防効果がすぐれている ● 果樹、野菜などに広く使われているが、バラには未登録 ● 作用は胞子の発芽抑制や菌糸の伸長抑制が主体である。浸透移行性はほとんどなく、作物に対する薬害のおそれは少ない ● 連用により薬剤耐性菌が出現しやすいので作用性の異なる薬剤と組み合わせてローテーション散布する
ジマンダイセン水和剤	〈有機硫黄剤〉マンゼブ水和剤	—	8回以内	400～600倍	● 生物活性はマンネブダイセンとジネブダイセンの中間的である。殺菌性はマンネブダイセン並みでジネブダイセンより強いが、薬害はマンネブダイセンよりも少ない ● 園芸用殺菌剤として広く使用されている。バラでは黒星病、さび病、べと病、灰色かび病に適用がある ● 高温多湿条件では軟弱苗などに薬害を生じるおそれがある。石灰硫黄合剤やボルドー液との混用はさける ● 体質によりかぶれることがあるので注意する。魚毒性はやや強い（B）
マンネブダイセンM水和剤	〈有機硫黄剤〉マンネブ水和剤	発病初期	8回以内	400～600倍	● 殺菌性はジネブダイセンより強いが薬害もやや強い ● 園芸作物の広範囲の病害に使われている。バラでは黒星病、さび病、べと病、灰色かび病に適用がある ● 高温多湿条件下では薬害がでやすい。皮膚にかぶれをおこすことがあるので注意する。魚毒性B
ハーモメイト水溶剤	〈無機殺菌剤〉炭酸水素ナトリウム	発病初期	8回以内	800倍	● 野菜やバラのうどんこ病に対して治療効果が認められている。バラではうどんこ病と灰色かび病に適用がある ● 分生子の発芽、形成に強い抑制作用を示す ● 幼苗時や高温時の散布は薬害のおそれがある。過度の連続散布は葉の周縁の黄化や硬化をもたらすことがある

枝枯病　Stem canker

キャンカーと呼ばれ、恐ろしい病気の代名詞となっている。世界各地のバラ園や施設栽培で古くから発生しているものである。

■症状・被害と診断

症状と被害　茎に発生する。感染は傷口のある部分で、苗では接ぎ木の部分から発病することが多い。成株ではせん定枝の傷の部分から発病しやすい。病斑ははじめ黄色から赤褐色の小さな斑点であるが、やがて拡大し、中心は淡褐色、周囲は暗褐色にくまどりされる。病斑内部の表皮は収縮し、ときに裂け目ができる。このような病斑をキャンカーと呼ぶ。キャンカーがさらに拡大して茎を取り巻くようになると、その茎はしおれたり枯れたりする。病斑上には、黒い小さな粒（柄子殻）が生じ、おびただしい数の胞子（柄胞子）が噴出する。

高温・多湿の育苗床で感染した苗を温室やハウスに定植すると、定植後に広がり、夏から秋にかけて激発することがある。茎の病斑は大型となり、夏から秋口にかけて、病斑から上方の部分は枯死する。

診断のポイント　定植後の若い株では接木部に注意する。その部分に黄褐色の変色が見られるものはキャンカーのおそれがある。病斑周囲が暗褐色で内部が淡褐色、さらに亀裂を生じ、柄子殻の黒粒点が見られれば、典型的な枝枯病である。

類似症状との見分け方　キャンカーと総称される類似症状には、枝枯病のほかに腐らん病とすそ枯病がある。

腐らん病は当年生または2年生の茎に発生し、病斑は白っぽい淡褐色で周囲は赤紫色にふちどりされる。冬〜春の2年生枝の病斑は5〜10cm以上の大型になり、黒粒点（柄子殻または子のう殻）をつくるが、病斑に亀裂を生じることはない。

すそ枯病は接木部を中心に茎の地ぎわ部に発生することが多い。病斑は暗褐

色で大型になり、しばしば亀裂を生じ、生育を抑制し、ひどくなると株全体が枯死する。発生時期は越冬後の春先である。

■病原菌と伝染方法

病原菌（*Coniothyrium fuckelii* Saccardo）は糸状菌の一種で不完全菌類に属し、柄子殻と分生子を生じる。病原菌の越年は被害茎上で柄子殻の形で行なわれ、伝染源となる。本病は空気伝染でまん延するが、感染は傷の部分で行なわれる。特に、せん定後の切り口からはじまる茎の枯れ込み部では、急速に病斑が広がりやすい。このような大きい傷のほかに、害虫の食痕、とげによる刺し傷、誘引による擦り傷なども感染を助長するおそれがある。

■耕種的防除

茎に無用の傷をつけないように注意する。せん定は熱消毒（煮沸または火炎）した鋭利なハサミで行なう。また、せん定は適切な部分で行ない、茎の枯れ込みを防ぐ。せん定箇所は葉がついている節のわずかに上部が最善で、節と節の中間は不適切である。また、節に近すぎて潜在芽を損傷してもいけない。

発病枝や発病茎は見つけしだい切除する。病枝、病茎の切除は病徴の認められない健全部分まで切り下げる。

■薬剤による防除

本病に有効な薬剤防除法は明らかにされていない。ただし、うどんこ病や黒星病などのための薬剤散布は、傷の保護にいくらか役立つかもしれない。石灰硫黄合剤濃厚液（8〜10倍液）の冬季散布は、枝枯病の予防にも無駄ではないと思われる。

腐らん病　Brown canker

枝枯病とともにキャンカーと呼ばれ、庭園など露地のバラに広く発生している。

■症状・被害と診断

症状と被害　主として茎に発生し、ときに葉にも発生する。茎の病斑は、はじめ当年生の茎に赤紫色または紫色の小斑点として認められる。この斑点は拡大して白っぽいえそ性の病斑となり、その周囲は赤紫色となる。いくつかの病斑が融合し、しばしば大型病斑をつくる。春には、越冬後の2年生枝の病斑はときに長さ10cm以上の大型となり、病斑上に多数の柄子殻や子のう殻が黒色小粒点として認められる。そして、湿潤な天候がつづくと、病斑上に分生子や子のうの粘塊が噴出する。

発生のはげしいときは、春先のバラ園などのバラで、越冬後の2年生枝に多数の灰白色または淡褐色のえそ性の大型病斑（キャンカー）が生じ、多数の茎や枝が枯死する。病斑のまわりは赤紫色となり、病斑上には、無数の黒いつぶつぶが見られる。

診断のポイント　春先、前年生枝の枯れあがりや灰白色または淡褐色の大型病斑に注意する。茎の大型病斑や枯死部分が赤紫色にふちどられ、病斑上に無数の黒い小粒点が認められれば、腐らん病と診断できる。

類似症状との見分け方　腐らん病と枝枯病とすそ枯病はいずれもキャンカーと呼ばれ、同類の病気としてあつかわれている。枝枯病の病斑はほとんど褐色で、病斑に亀裂を生じることが多い。すそ枯病も褐色病斑をつくり、病斑に亀裂ができることがあり枝枯病とにているが、発病時期は春先である。これらに対して、腐らん病は病斑が大型で、病斑の色が白っぽく、亀裂ができることはない。

■病原菌と伝染方法

病原菌〔*Cryptosporella umbrina*（Jenkins）Jenkins et Wehmeyer〕は糸状菌の一種で子のう菌類に属し、茎の病斑上の表皮下に子のう殻を形成し、その内部に子のうを生じる。不完全時代には同様に柄子殻を形成し、その内部に分生子（柄胞子）を生じる。病原菌は被害茎上で菌糸、子のう殻、柄子殻の形で越冬する。湿潤な天候がつづくと、子のう殻や柄子殻から子のうや分生子が粘塊となって噴出し、病斑を覆う。これらは風や雨で飛散し、本病を伝染させる。当年生および2年生の茎に生じた傷や茎の枯れ込みは感染を助長する。病原菌はバラ以外には寄生しない。

■耕種的防除

茎に無用の傷をつけないよう、ていねいに管理する。発病を認めたときはただちに切除して焼きすてる。原因不明の枯死茎も切除する。春のせん定や花後のせん定は熱で消毒した鋭利なハサミで行なう。せん定は腋芽や葉のついている節のすぐ上で行ない、不適切な部位をさける。

■薬剤による防除

有効な薬剤防除法は確立されていないが、休眠期の石灰硫黄合剤の濃厚液（10倍液）散布は、傷口の保護や越冬病原菌の殺菌に効果があるのではないかと思われる。

疫病 Phytophthora disease

　1970年代に、千葉県内の水耕栽培や排水不良地の施設栽培で大きな被害がでていたが、最近は発生が少ないようである。

■症状・被害と診断
　症状と被害　茎や根がおかされる。はじめ茎の地ぎわ部が暗緑色水浸状となる。やがてこの部分は褐色～暗褐色に変わるとともに急速に拡大する。未熟枝では病斑は特に急速に広がり、新梢からしおれ、のちに枯れる。成熟枝ではしおれはそれほど目立たないが、下葉から黄変して落葉し、被害茎は地ぎわから上方へと褐変し、やがて枯れる。
　常発地では、夏から秋にかけて、当年生の茎が地ぎわから上方へと褐変し、つぎつぎに枯れる。新生するシュートはまもなくおかされ、しおれて枯れる。発病の激しいときは、株全体が枯れる。
　梅雨明け以後の高温期に新生するシュートがしおれたり、茎が地ぎわから褐変し、葉が黄変、落葉する被害は疫病のおそれが大きい。
　診断のポイント　梅雨明け以後の高温期に新生するシュートがしおれたり、茎が地ぎわから褐変し、葉が黄変、落葉する被害は疫病のおそれが大きい。しおれているシュートの地ぎわの部分が暗緑色水浸状となっていれば疫病の被害である。成熟枝の場合は、しおれずに葉が黄変、落葉する。地ぎわ部の病斑は褐変し、急速に上方へ広がる。
　類似症状との見分け方　茎や枝がおかされる病気にはキャンカーと呼ばれている枝枯病、腐らん病、すそ枯病などがある。しかし、これらの被害茎は疫病のように急速に上方へと褐変することはないし、未熟のシュートがしおれることもない。また、キャンカーの病斑上には黒色小粒点を生じるが、疫病の病斑にはこのようなものは生じない。

■病原菌と伝染方法

病原菌（*Phytophthora megasperma* Drechsler）は糸状菌の一種で鞭毛菌類に属し、遊走子のう、遊走子および卵胞子をつくる。病原菌の発育は10〜35℃で認められ、15〜30℃では発育旺盛で、発育適温は25〜26℃前後である。病原菌は被害茎や被害根で菌糸や卵胞子などで越冬する。卵胞子は被害茎や被害根の残渣とともに土壌中でかなりの期間生存し、伝染源となる。

5月以降の発育適温期に多湿の状態がつづくと、卵胞子や菌糸から遊走子のうが形成され、放出された遊走子は地ぎわ部や根に感染する。

水田転換畑などの排水不良地のハウスや温室では発生しやすい。特に梅雨期などの長雨の時期に地下水位が高くなり、水がたまりやすいところでは多発しやすい。多湿の状態と適温が重なる梅雨期や初秋の長雨の時期に発生し、急速に広がりやすい。また、挿し木苗を利用する栽培では発生しやすい。

■耕種的防除

栽培施設やバラ園などは排水のよいところを選ぶ。排水不良地では盛り土や暗渠排水を実施し、水位の低下をはかる。抵抗性品種は明らかにされていないが、台木用のノバラは抵抗性を持っているので、接木苗を利用する。水耕栽培では発病のおそれがあるので、根や茎の地ぎわ部を傷つけないように注意する。発病を認めたときは、すぐに病株を抜き取り焼却する。

■薬剤による防除

発病の認められた圃場では、新しく植え付ける前に、クロルピクリンくん蒸剤で土壌消毒を行なう。また、栽培中に発病が見られたときには、病株を抜き取ったのちに、リドミル粒剤を10a当たり10〜20kg、株元を中心に土壌表面に施用する。

排水良好地に無病苗を植えれば、ほとんど発病することはないと思われるが、ロックウールなど水耕栽培で発病した場合は、病原菌が施設全体に広がっているおそれがあるので、新しく植え付ける場合には、植付け床や水槽などの施設はホルマリンで完全に消毒しなければならない。

疫病　薬剤の使用法と特性・使用上の注意

商品名	一般名	安全使用基準 時期	安全使用基準 回数	倍率・使用量	特性と使用上の注意
リドミル粒剤	〈酸アミド系剤〉メタラキシル剤	—	—	10～20kg/10a	● 鞭毛菌類による疫病やべと病に効果が高い浸透移行性殺菌剤で、予防効果、治療効果をあわせ持つ。茎葉部からすみやかに吸収されて新葉へ移行し、処理後伸びた茎葉部への菌の侵入を阻止する ● 本剤は病原菌の菌糸の伸長、胞子の形成を阻害する作用があるが、作用点はRNA合成阻害と考えられている ● 連用により薬剤耐性菌を生じるおそれがあるので、なるべく他剤と組み合わせてローテーションで使用する ● ピーマン、ガーベラ、セントポーリア、タバコ、パセリなどの疫病に登録があるが、バラには未登録
バスアミド微粒剤 ガスタード微粒剤	〈土壌くん蒸剤〉ダゾメット粉粒剤	植え付け前	1回	20～30kg/10a	● 播種または植え付け前に土壌と混和して使用するが、作物に直接触れたり、ガス抜き不十分な場合には薬害のおそれがある ● 野菜や花の各種土壌病害、線虫類、クワ、ブドウなどの白紋羽病に有効で、バラでは根頭がんしゅ病に適用がある ● 本剤は土壌と接触するとイソチオシアン酸メチルを発生し、そのくん蒸効果によって殺菌作用を示す。アルカリ性では安定であるが、酸性で分解が促進される ● 皮膚や粘膜に刺激性がある。劇物。魚毒性A
クロールピクリン クロルピクリンテープ	〈土壌殺菌剤〉クロルピクリンくん蒸剤	—	—	20～30ℓ/10a	● くん蒸剤として殺虫、殺菌の効果を持つ。土壌殺菌剤としては、ほとんどすべての土壌病害に有効に使用されている。殺虫作用は昆虫の呼吸器や表皮から侵入して窒息させたり諸器官を腐らせたりする ● 土壌くん蒸剤としては地温15℃以上のときに効果があり、プラスチックフィルムなどで被覆すると効果が大きくなる ● 各種作物の土壌病害に広く登録されているが、バラには未登録

根頭がんしゅ病　Crown gall

果樹や庭木の衰弱、枯死の原因となるやっかいな病気で、バラでは、露地や施設の栽培で広く発生している。近年はロックウールなど水耕栽培で発生が著しい。

■症状・被害と診断

症状と被害　地表下の接木部や根部、特にその切断部に、はじめ小さな白いこぶが現われる。このこぶはバラの生育にともなってしだいに肥大し、直径1～数cm、あるいはそれ以上の大きな不整球形のこぶ（がんしゅ）になり、その表面はごつごつする。このがんしゅは肥大するとともに表面がかたくなって褐変し、さらに暗緑色または黒褐色に変わる。がんしゅの大きさは感染後の期間や感染部位によって異なり、根冠部（根頭部）に感染した場合に大きく、根では小さい。また、地上部の枝の傷や折り曲げた部分にこぶやがんしゅができることもある。

被害は慢性的で、急激に枯死することはない。被害の大きさは感染部位により異なる。根頭部に大きながんしゅができた株はしだいに生育が不良になり、花つきも悪くなるが、根の一部に小さなこぶができるくらいでは、被害は明らかでない。

発病の激しいときは、大きながんしゅが根頭部にでき、やがて腐敗してぼろぼろになる。株の生育はしだいにおとろえ、花つきも不良となる。このような株はシュートの発生もほとんどなく、秋口になると早期に葉が黄化し、ついには枯死する。

診断のポイント　定植に先立ち、苗木の診断が重要である。接木部分と根を注意深く観察する。白色や淡褐色のこぶ状隆起の認められるものは、根頭がんしゅ病の初期症状の疑いが濃厚である。ただし、正常なカルス（増殖した細胞の集団）の場合もあるので、正確な診断は簡単ではない。黒褐色のこぶで表面

がごつごつしているものは、ほぼ根頭がんしゅ病とみられる。

　類似症状との見分け方　なんらかの原因で株元の組織が肥大することがあるが、根頭がんしゅ病とちがって、表面が極端にごつごつにならないし、色も通常の株元と大差ないので区別できる。ネコブセンチュウの被害株でも根に大小のこぶができるが、根頭がんしゅ病のようにこぶの表面がごつごつにならないし、黒変することもない。

■**病原菌と伝染方法**

　病原菌〔*Agrobacterium tumefaciens*（Smith and Townsend 1907）Conn 1942〕は細菌の一種で、グラム陰性桿菌に属する。がんしゅには病原細菌が生息し、特に若いがんしゅに多い。古いがんしゅはやがて腐敗、あるいは崩壊し、病原細菌は土壌中に広がる。病原細菌は土壌中で数年間生存し、根や接木部の傷口から侵入・感染する。移植や接木などのときにできる刃物による傷は感染の機会が大きいが、そのほかの管理作業にともなう傷や害虫・線虫などによる被害あとから感染することもある。

　病原細菌が傷口から侵入し、健全細胞に感染すると、病原細菌の遺伝情報を担っているＤＮＡが、正常細胞の核に取り込まれる。その結果、正常細胞はがんしゅ細胞に変換される。がんしゅ細胞は正常細胞よりも分裂速度が速い。いったんがんしゅ細胞ができると、急速に分裂をくり返し、無秩序に増殖し、がんしゅがつくられ、肥大する。

　がんしゅの形成・肥大は宿主（しゅくしゅ）の生育状況や感染部位、あるいは環境条件により異なる。25℃前後の高温多湿の条件では感染後１〜２週間でがんしゅの形成が認められるが、秋の低温期に感染した場合には、潜在感染し、がんしゅが形成されるのは翌年春以降となる。

　本病は高温・多湿の条件で発生しやすく、排水不良地の温室栽培では多発しやすい。また、水耕栽培も発生のおそれが大きい。接木や挿し木の作業時に刃物を消毒しないで、作業をつづけると感染の危険性が大きい。

　病原細菌の宿主範囲は広い。バラのほか、ブドウ、リンゴ、モモ、スモモ、アンズ、ウメ、カキ、イチジク、キイチゴ、サクラ、ヤナギなど多くの果樹や

根頭がんしゅ病

庭木に寄生する。

■耕種的防除

接木や挿し木などの作業のときには必ず刃物を消毒する。せん定や断根なども消毒したハサミで作業する。刃物は煮沸消毒（数分）、火炎消毒（数秒）、次亜塩素酸ナトリウム100倍液浸漬（数分）などが有効である。

無病苗を無病の圃場に植える。接木部や根にこぶの認められるものは絶対に植えないように注意する。育苗の用土は蒸気消毒したものを使用する。育苗圃場は5年程度の輪作を行なう。果樹や植木の後作はさける。発病株は抜き取り焼却する。発病株のがんしゅを削り取っても、やがて復活するので好ましくない。

■薬剤による防除

発病の見られた圃場に植え付ける場合には、バスアミド微粒剤またはガスタード微粒剤を10a当たり20～30kgの割合で土壌とよく混和して土壌消毒したのちに植え付ける。

近年、病原細菌の近縁細菌 *Agrobacterium radiobacter* strain84を用いた生物農薬が実用化されている。市販品はバクテローズと呼ばれている。移植時または定植時に、苗の根部をバクテローズの20～50倍液に約1時間ひたし、根部が乾かないうちに植え付ける。菌を希釈する水は塩素を含む水道水は不適切である。清浄な地下水が望ましいが、水道水の場合は十分に煮沸して塩素を飛ばしたのちに冷却して使用する。バクテローズはすでに感染している苗には効果がないので、無病の苗に使用する。

なお、病原細菌には系統による差異があり、バクテローズに抵抗性の系統が分布しているところでは効果がみられない場合がある。

根頭がんしゅ病　薬剤の使用法と特性・使用上の注意

商品名	一般名	安全使用基準		倍率・使用量	特性と使用上の注意
		時期	回数		
バスアミド微粒剤 ガスタード微粒剤	〈土壌くん蒸剤〉 ダゾメット粉粒剤	植え付け前	1回	20～30kg/10a	● 播種または植え付け前に土壌と混和して使用するが、作物に直接触れたり、ガス抜き不十分な場合には薬害のおそれがある ● 野菜や花の各種土壌病害、線虫類、クワ、ブドウなどの白紋羽病に有効で、バラでは根頭がんしゅ病に適用がある ● 本剤は土壌と接触するとイソチオシアン酸メチルを発生し、そのくん蒸効果によって殺菌作用を示す。アルカリ性では安定であるが、酸性で分解が促進される ● 皮膚や粘膜に刺激性がある。劇物。魚毒性A
バクテローズ	〈生物由来の殺菌剤〉 アグロバクテリウム・ラジオバクター剤	移植時、定植時	2回	20～50倍	● 根頭がんしゅ病細菌に対する拮抗微生物、アグロバクテリウム・ラジオバクターストレイン84の培養生菌よりなる殺菌剤である ● 植物に対して病原性を持たず、アグロシン84というバクテリオシンの分泌によって根頭がんしゅ病菌の生育を阻害する ● 本剤は予防的に作用し、感染した苗に対しては効果がない ● 使用にあたっては、清潔な容器を用い、希釈する水は塩素を含まないものでなければならない

白紋羽病　White root rot

庭のバラが元気がなくなり、原因がはっきりしないうちに枯れてしまうことがある。白紋羽病によることが多い。

■症状・被害と診断

症状と被害　はじめ株がなんとなく元気がなく、ほかの株にくらべて生育がおくれているのに気づく。のちになると、葉が変色してひどい場合は落葉する。地ぎわ部には白色のかびが木綿糸状あるいは膜状にからみついていることがある。病株は根群の生育がわるく、根の大部分あるいは全部が黒褐変して腐敗し、その表面に白色の木綿糸状の菌糸（菌糸束という）がまとわりついている。太い根だけが残され、細根は腐敗してなくなる。このような株はやがて枯死する。

診断のポイント　初夏のころ、元気のない株に注意する。特定の病斑が見られずに葉が変色したり、落葉したりしていれば、株元を調べる。地ぎわ部に白っぽいかびがからみついていれば白紋羽病である。このような株の根は黒変腐敗し、その表面に白色のかびがまとわりついている。

類似症状との見分け方　類似の発病経過をたどり、根や地ぎわ部に紫褐色で糸状またはフェルト状のかびがまとわりつく病気に紫紋羽病がある。この病気は果樹や庭木ではよく知られているが、バラでは知られていない。

■病原菌と伝染方法

病原菌（*Rosellinia necatrix* Prillieux）は糸状菌の一種で子のう菌類に属し、子のう胞子、分生子および菌核を形成する。

病原菌は被害根の残渣上で、おもに菌糸の集団として耐久力の強い菌核類似の形で土壌中に長期間生存し、伝染源となる。

本菌はバラのほか、ほとんどの果樹類、多くの庭木や樹木などに広く寄生して根を腐らせ、ついには枯らしてしまう。また、土壌中の粗大有機物上で腐生

的に繁殖する。土壌中に粗大有機物が豊富にあると、病原菌は旺盛に繁殖し、土壌中の菌密度を高め、病原力を強める。

病原菌が根に接触すると、はじめはその表面で腐生的に繁殖するが、やがて皮層内に侵入するとともにその表面に新しい白色の菌糸束をつくる。このような根はのちに黒褐変して腐敗しぼろぼろになる。しかし、ただちに地上部に病的症状が現われるわけではない。

地上部に生育不良、しおれ、落葉、枝の枯死などの症状が現われるようになるときは、根の少なくとも半分以上がおかされて腐朽している。

■**耕種的防除**

バラをはじめ、果樹や庭木などの枯死したあと（白紋羽病による枯死のおそれが大きい）には植えない。やむを得ず、このようなあと地にバラを植えるときは、できるだけ広く、深く（植え付ける苗木の予想される根圏よりひとまわり大きく）掘りあげて汚染土を除去し、市販の赤玉土など無病の土と入れかえる。バラにはいや地現象があるので、それを回避するためにも、できるだけ新しい土と入れかえることが必要である。

発病株の早期発見につとめる。病株は見つけしだい、腐敗根や残根も土中に残さず、周囲の土とともに掘りあげて処分する。

■**薬剤による防除**

発病のおそれのある場所に植えるときは、クロルピクリンくん蒸剤（庭の一部を部分的に消毒する場合はクロルピクリン錠剤が適する）で土壌消毒をしたのち、ガスの臭気が消えてから植え付ける。

バラ園などで栽培中の株が万一発病した場合は、発病株を除去した後、その周辺の株にベンレート水和剤2,000倍液またはフロンサイド水和剤1,000倍液を株当たり10*l*ほど土壌灌注して予防する。株の周囲の土をシャベルなどで軽く起こしてから灌注すると、薬液を土中深くしみ込ませることができる。

白紋羽病 薬剤の使用法と特性・使用上の注意

商品名	一般名	安全使用基準		倍率・使用量	特性と使用上の注意
		時期	回数		
バスアミド微粒剤 ガスタード微粒剤	〈土壌くん蒸剤〉ダゾメット粉粒剤	植え付け前	1回	20〜30kg/10a	● 播種または植え付け前に土壌と混和して使用するが、作物に直接触れたり、ガス抜き不十分な場合には薬害のおそれがある ● 野菜や花の各種土壌病害、センチュウ類、クワ、ブドウなどの白紋羽病に有効で、バラでは根頭がんしゅ病に適用がある ● 本剤は土壌と接触するとイソチオシアン酸メチルを発生し、そのくん蒸効果によって殺菌作用を示す。アルカリ性では安定であるが、酸性で分解が促進される ● 皮膚や粘膜に刺激性がある。劇物。魚毒性A
クロールピクリン クロルピクリン錠剤	〈土壌殺菌剤〉クロルピクリンくん蒸剤	—	—	20〜30ℓ/10a 1錠/穴	● くん蒸剤として殺虫、殺菌の効果を持つ。土壌殺菌剤としては、ほとんどすべての土壌病害に有効に使用されている。殺虫作用は昆虫の呼吸器や表皮から侵入して窒息させたり諸器官を腐らせたりする ● 土壌くん蒸剤としては地温15℃以上のときに効果があり、プラスチックフィルムなどで被覆すると効果が大きくなる。各種作物の土壌病害に広く登録されているが、バラには未登録
フロンサイド水和剤	〈合成殺菌剤〉フルアジナム水和剤	—	—	1,000〜2,000倍	● 広い抗菌スペクトルを持つ保護殺菌剤で、残効性、耐雨性がある。胞子形成、菌糸伸長、植物体への侵入などを阻止する作用がある。ハダニ類に対しても効果がある ● おもに果樹の各種病害に散布剤として使われるが、土壌灌注によりナシの白紋羽病などにも効果があるといわれる。バラには未登録である。魚毒性C
ベンレート水和剤	〈ベンゾイミダゾール系剤〉ベノミル水和剤	—	6回以内	2,000〜3,000倍	● イネ、果樹、野菜、花など広範囲の病害に対して予防効果と治療効果があり、植物体内への浸透移行性がある。種子や球根の消毒にも使われる ● リンゴやチャの白紋羽病にも効果があり、バラでは黒星病とうどんこ病に適用がある ● 連用によって、灰色かび病その他多くの病害に対して、世界各国で薬剤耐性菌が出現している。魚毒性B

モザイク病　Mosaic

　葉の色や形がなんとなく変だ。生育もいまひとつものたりない、という株がときどき見受けられる。このような株はウイルスによる病気の可能性がある。

■症状・被害と診断

　症状と被害　外国ではウイルスによるバラの病気は古くから報告されているが、日本では、くわしい調査や研究の報告はほとんど知られていない。しかし、その疑いのある株は広く分布しているようである。

　ウイルスによる病気の中で、主なものはモザイク病である。この病気は、アメリカやヨーロッパの各国で発生している。その症状にはさまざまなタイプがあって、特定しがたいが、主要なものは、葉に現われる不特定すじ状の退色条斑、退色斑紋、リング状の退色輪紋、葉脈が濃緑色になり脈間が淡黄色となる葉脈緑帯、新葉の巻き込みなどである。

　これの症状のひとつまたはいくつかを示す株は、毎年ほぼ同様の症状を示すが、枯れたりしおれたりすることはない。しかし、品種により症状に軽重がみられ、また、年によりあるいは時期により症状が変動するようである。

　花に著しい異常は見られないようであるが、正常株にくらべると、花茎は細く、葉もやや小型で、全体的に生育は劣り、活力がたりない。

　診断のポイント　バラのウイルス病の診断はむずかしいので、専門家に診断してもらうほかないが、数年にわたって、モザイク症状を示したり、葉が巻き込んだり、波打ったり、緑が薄れて変色したりし、しかも、明らかなかびも病斑も見られない株は、ウイルス病の疑いが濃厚である。

　類似症状との見分け方　生育が劣り、葉が黄変するなどの異常株は、いろいろな原因でおきるが、白紋羽病や疫病などは、根が腐敗し、やがて枯死する。根こぶ線虫病や根腐（ねぐされ）線虫病はすぐに枯れることはないが、細根にこぶができたり、根の一部が黒変腐敗したりする。モザイク病は腐敗や枯死をともなうこ

とがない。

■病原ウイルスと伝染方法

病原ウイルス（Prunus necrotic ringspot virus）はモモウイルス病の病原と同じもので、プルヌスネクロティックリングスポットウイルス（PNRSV）である。ウイルス粒子は直径22～23nmの球形で、ハナザクラ（品種、白普賢）やキュウリを用いた生物検定のほかELISAによる血清反応でも検定できる。

外国における報告によると、本病は汁液伝染と接木伝染により伝染することが知られているが、モモで明らかにされている花粉による伝染の疑いもあるという。しかし、ウイルスを伝搬する昆虫類は知られていない。

外国では、バラのモザイク症状株から、しばしばPNRSVのほかに、リンゴモザイクウイルス（ApMV）、アラビスモザイクウイルス（ArMV）なども検出されるという。したがって、バラのモザイク病には、PNRSVの単独感染の場合と上記ウイルスとの重複感染の場合が考えられるが、それらの病徴のちがいなどくわしいことは明らかでない。

■耕種的防除

数年にわたってモザイク症状を示す株はウイルス病とみられる。ウイルスに感染している株は治る見込みがないばかりか、せん定や繁殖などのときに伝染源となるので、抜き取って焼却する。残根もていねいに取り除く。そのあとに補植する場合は、残根が腐敗してから行なう。そのためには、少なくともひと夏を経過した後の晩秋または翌春としたい。

■薬剤による防除

薬剤による防除法は知られていない。

根こぶ線虫病と根腐線虫病　Nematode

　ていねいに植えたはずのバラの苗がいつまでも元気がない。生育もおくれている。一緒に植えた兄弟たちと差がつくばかりだ。こんなときは、線虫の被害を疑ってみる。

■症状・被害と診断

　症状と被害　細根のいたるところに多数のこぶができていれば、ネコブセンチュウの被害とわかるが、その前に、地上部の生育から異常に気がつくものである。

　株に活気がない。生育がおくれている。葉が小さい。シュートも出ない。出たとしても貧弱である。花茎は短く、花の大きさも数も不十分である。ひどくなると、葉がしおれたり、黄変落葉したりする。こうなってくると、どうみても異常である。しかし、地上部の症状から根部の被害状況を言い当てることは無理である。まして、線虫の種類を知るなどは不可能である。

　抜き取って根を調べた結果、根に多数のこぶが生じ、根群の生育も貧弱であれば、症状からみて根こぶ線虫病とわかる。根の一部が褐変腐敗していることもあるが、ネグサレセンチュウの寄生によるものかどうかの正確な診断には、センチュウの検出とその種類を検討しなければならない。ただし、線虫の同定はむずかしいので、専門家の判断にまかせるほかない。

　診断のポイント　原因不明の生育不良株に注意する。地上部の症状から病気の原因が認められないときは、根に原因があることが多い。細根の一部に小さなこぶができていれば、ネコブセンチュウの寄生とわかる。しかし、根の黒変腐敗などの症状はいろいろな原因が考えられるので、専門家に診断を依頼する。

　類似症状との見分け方　生育不良など地上部の症状から見分けることはできない。抜き取って根を調べてみれば、ある程度のことはわかる。細根にこぶがたくさんできていれば、根こぶ線虫病にまちがいない。しかし、根の黒変腐敗

は根腐線虫病のほかに、疫病、白紋羽病などもあって、専門家にみてもらうことが望ましい。

■病原線虫と生態

バラの根に寄生して被害を生ずる線虫類は、世界各地でたいへん多くの種類が知られているが、日本では、ネコブセンチュウとネグサレセンチュウが最もよく知られている。

ネコブセンチュウとかネグサレセンチュウとか呼んでいるのは、じつは、種ではなく、属名である。したがって、それぞれの属には多数の種の線虫が含まれている。

◇ネコブセンチュウ類 (*Meloidogyne*)

ネコブセンチュウがはじめて発見されたのは、今から150年ほど前の1855年、イギリスでのことであった。以来、ネコブセンチュウの被害は世界各地のいろいろな作物で報告されるようになった。その後、長年の間、ネコブセンチュウは1種と思い込まれていたが、やがて、種のちがいが明らかにされ、現在までに60種以上の異なる種がネコブセンチュウ類として報告されている。

バラに寄生するネコブセンチュウ類は、日本ではサツマイモネコブセンチュウ〔*M. incognita* (Kofoid & White) Chitwood〕、ジャワネコブセンチュウ〔*M. javanica* (Treub) Chitwood〕、アレナリアネコブセンチュウ〔*M. arenaria* (Neal) Chitwood〕、キタネコブセンチュウ (*M. hapla* Chitwood)、リンゴネコブセンチュウ (*M. mali* Itoh, Ohshima & Ichinohe) の5種が知られている。

ネコブセンチュウの雌成虫は、体長0.6mmの洋ナシ型 (雄成虫は体長1.5mmの線形) で、根こぶの中に生息し、根の外側に数十〜数百の卵をかたまり状に産み出す。ふ化幼虫は、体長0.4mmの微小な線形で土壌中を動きまわり、寄主の若い根の先端に近い根面 (根冠よりやや上) に集まり、細胞壁を破って侵入する。侵入幼虫は、まもなく根内に定着し巨大細胞をつくるようになる。そして、巨大細胞を中心に周辺細胞の異常増殖がおこり、ゴール (細胞組織がこぶ状にふくれたもの) が形成される。ゴール内部で、幼虫は急速に成長

し、4回の脱皮を経て成虫となる。

　ゴールができると根の機能が阻害されるばかりでなく、その内部に生息する多数のネコブセンチュウにより、養分が奪われるので、バラの栄養状態は悪化し、生育不良、活力の喪失、花茎の短縮、花数の減少、しおれ、葉の黄変、落葉などがおきるようになる。

　バラに寄生する5種のネコブセンチュウの中で、サツマイモネコブセンチュウは日本でも世界でも最も検出頻度が高い。

　ネコブセンチュウは、種により寄生性に特異性があり、まったく寄生しない植物もある。例えば、サツマイモネコブセンチュウとジャワネコブセンチュウはラッカセイとイチゴに寄生せず、キタネコブセンチュウはイネ科植物に寄生しない、などである。しかし、リンゴネコブセンチュウを別にすれば、どの種も広食・多犯性で、特にサツマイモネコブセンチュウとジャワネコブセンチュウは、それぞれ700種以上の植物に寄生し、被害を与えている。

　宿主は、多くの畑作物、野菜、花、果樹のほか、バラをはじめ、ボタン、ボケ、サクラ、サザンカ、ツバキ、カナメモチ、そのほか多くの樹木に及んでいる。

　一方、前作にある種の植物を栽培すると、ネコブセンチュウの密度が著しく抑制されることがある。このような効果を示す植物を線虫対抗植物と呼んでいる。キク科のマリーゴールド、マメ科のクロタラリア、ユリ科のアスパラガスなどである。特にマリーゴールドは効果が高いことでよく知られている。

◇**ネグサレセンチュウ類**（*Pratylenchus*）

　ネグサレセンチュウはネコブセンチュウの発見から約25年おくれて1880年にイギリスではじめて発見された。その後、ネグサレセンチュウに属する新種が世界の各地でつぎつぎに発見され、現在では、90種もの新種が報告されている。

　バラに寄生するネグサレセンチュウは、日本ではキタネグサレセンチュウ〔*P. penetrans*（Cobb）Filipjev & Schuurmans Stekhoven〕とクルミネグサレセンチュウ（*P. vulnus* Allen & Jensen）が知られている。

　ネグサレセンチュウは、雄、雌ともすべて細長い線虫型で、成虫の体長は0.3〜0.9mmで、雄は雌より小型である。ネグサレセンチュウ類はすべて純寄生種で、根や塊根や地下茎などの不特定の部分から侵入し、皮層部の組織内を

移動し、栄養を摂取し、成長する。ネグサレセンチュウの侵入・加害部分は、褐変、壊死をおこし、さらに大型病斑をつくり、のちに根は腐敗する。そして、細根は崩壊、脱落し、塊根は変色、壊死、奇形などを示す。

バラでは、根の褐変、壊死などの症状は、いろいろな原因で起きることがあるので、原因をネグサレセンチュウに特定するのは簡単ではない。しかも、根部の被害が地上部の生育や病徴にどの程度影響しているのかを判断するのは専門家といえども困難である。

バラのネグサレセンチュウは両種とも多犯性で、特にキタネグサレセンチュウは宿主植物が350種以上とされ、ニンジン、ダイコン、ゴボウなどの根菜類の被害が大きいほか、ジャガイモ、レタス、フキ、イチゴなど、果樹ではリンゴ、モモ、オウトウなどでも被害が問題になっている。バラではいや地現象の原因として重視されている。

線虫対抗植物のマリーゴールドは、ネグサレセンチュウに対してもネコブセンチュウと同様にすぐれた抑制効果が明らかにされている。

■耕種的防除

育苗などの用土は線虫に汚染されていない培養土を選び、蒸気または太陽熱で消毒する。また、苗は台木苗を選び、挿し木苗は用いないようにする。挿し木苗は線虫の被害を受けやすい。バラ園を更新するときは、いや地現象をさけるために、土壌消毒が必要である。

夏季の太陽熱による土壌消毒は、線虫対策として非常にすぐれた方法である。特に施設は、密閉効率がよいので、盛夏期に約1カ月間ポリフィルムで地表面を密閉すると、地下40cm前後まで40〜50℃を確保できる。その結果、各種の土壌病害に効果のあることが明らかにされているが、線虫類には特に効果が高い。

露地の場合でも、わらやふすまなどの有機物と石灰窒素を土壌に混和し、湛水状態とした後、ポリマルチをし、その上をビニールかポリフィルムでトンネル状に被覆、密閉すれば、施設に近い土壌消毒効果が期待できる。

線虫対抗植物のマリーゴールドをひと夏栽培すると、土中の線虫密度が著し

く減少するので、線虫の被害が予想されるところでは、前作にマリーゴールドを栽培するのもひとつの方法である。

■薬剤による防除

　バラの育苗圃場では、D-Dなどの土壌くん蒸剤で土壌消毒する。万一、発病株が見つかったときは、根を残さないように掘りあげて、その後をバスアミド微粒剤かクロルピクリン錠剤で土壌消毒する。消毒のときには、隣接株に薬害がでないよう、ビニールなどで仕切りをしたうえで行なう。消毒後の植えかえの実施は線虫の密度が低下した翌春とする。

　まとまった株数を抜き取って更新するときは、D-Dやクロルピクリン（白紋羽病の農薬表参照）などのくん蒸剤で土壌消毒する。

根こぶ線虫病と根腐線虫病　薬剤の使用法と特性・使用上の注意

商品名	一般名	安全使用基準		倍率・使用量	特性と使用上の注意
		時期	回数		
バスアミド微粒剤 ガスタード微粒剤	〈土壌くん蒸剤〉 ダゾメット粉粒剤	植え付け前	1回	20〜30kg/10a	● 播種または植え付け前に土壌と混和して使用するが、作物に直接触れたり、ガス抜き不十分な場合には薬害のおそれがある ● 野菜や花の各種土壌病害、センチュウ類、クワ、ブドウなどの白紋羽病に有効で、バラでは根頭がんしゅ病に適用がある ● 本剤は土壌と接触するとイソチオシアン酸メチルを発生し、そのくん蒸効果によって殺菌作用を示す。アルカリ性では安定しているが、酸性で分解が促進される ● 皮膚や粘膜に刺激性がある。劇物。魚毒性A
D-D	〈殺線虫剤〉 D-D剤	植え付け前	1回	2〜3ml/穴	● 本剤を土壌に処理するとガスになって拡散し、土壌中の生物に作用する。低温でも多少の効果はあるが、最適の土壌温度は21〜27℃である ● 植物に対して毒作用が強いので、作物から50cm以上離す必要がある ● 多くの畑作物・野菜・花卉のネコブセンチュウ、ネグサレセンチュウなど線虫類に適用があるが、バラには適用がない。魚毒性B

強い品種と弱い品種

　品種によって病気に強いものと弱いものがあることは明らかである。病気に強いもの、病気にかかりにくいものは抵抗性品種と呼ばれている。トマトでは、ウイルス病、萎ちょう病、葉かび病、根こぶ線虫病など、複数の病気や線虫に抵抗性を示すすぐれた品種もめずらしくない。このような抵抗性を複合抵抗性という。

　ところで、バラではどうだろうか。バラは病気にかかりやすく害虫がつきやすいと、相場が決まっているようなものであるから、複合抵抗性を備えたすぐれた品種がつくられればありがたいことである。たしかに、抵抗性品種の研究も行なわれているが、すぐれた抵抗性品種が育成されたとは、まだ聞いていない。

　しかし、バラのカタログを見ると、病気に強いとしてある品種は意外に多いのにびっくりする。本当だろうか。私が試作したところでは、残念ながら、病気に強い、といえる品種は見出すことができなかった。それに、ここが大事なのであるが、そもそも病気とはいったいなにをさすのであろうか。バラの病気はたった一つではないことくらい、だれでも知っているが、まさかすべての病気に強い、などという意味でもないだろう。こんなあいまいな表現もないものだ。黒星病に強いとか、うどんこ病に強いとか表現してもらいたいものである。

　もう十数年前になるが、私が千葉県農業大学校の植物病理学教室をまかされていたころ、学生の卒業論文のテーマに関連して実施した研究とバラ園での調査の結果によると、四季咲大輪種と四季咲中輪房咲種などの代表的栽培品種のなかで、黒星病やうどんこ病にはっきりと抵抗性を示す品種は、ピンクパンサーを別にすると、ひとつとして見当たらなかった。

　しかし、ピンクパンサーは他の多くの品種が発病するなかにあって、黒星病にもうどんこ病にもほとんど感染しなかった。この品種は生育がきわめて旺盛で、花もきれいなうえに日持ちがよく、四季咲大輪種としてすぐれた素質をいくつも備えているので、交配親としての利用価値が大きいと思われる。おそらく有力な抵抗性の遺伝子を持っているにちがいないから、交配親として利用すれば、やがては、美しい抵抗性品種が育成されるのではないかと夢見ている。

害虫の見分け方・防ぎ方

クロケシツブチョッキリ

被害を受けた新梢は黒変し、葉がちりちりに乾いて枯れる

新梢の先端部に黒い小さな甲虫が群がり、つぼみ、茎、葉柄などを食害して傷をつける

多発のときはほとんどの新梢が被害を受けて、一番花の開花がほとんど見られないことがある

被害新梢はしおれて黒変し、のちに枯れる

アブラムシ類

新梢に群がり吸汁する
イバラヒゲナガアブラ
ムシ　　　　　（牛山）

新梢先端の未熟なつぼみに
群生するイバラヒゲナガア
ブラムシ　　　　（牛山）

つぼみに群生するイバラヒゲナガアブラムシ
と無数の脱皮がら

つぼみに群生するワタアブラムシ（池田）

バラのつぼみに寄生する黒っぽいアブラムシはワタアブラムシである　（萩谷）

野菜、花、果樹など、寄主範囲の広いモモアカアブラムシ　（池田）

アザミウマ類

花弁の先端部が食害され、開花するにつれて花弁のふちは褐変あるいはしみ状となる

ミカンキイロアザミウマの夏型。体色は淡黄色である（池田）

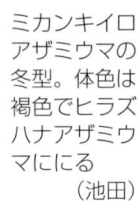

ミカンキイロアザミウマの冬型。体色は褐色でヒラズハナアザミウマににる（池田）

被害花の花弁のふちはしみ状に褐変し、著しく美観をそこなう

花内部の花弁もふちを中心にしみ状に褐変する

ヒラズハナアザミウマ。体色は褐～暗褐色。バラの花での被害が大きい　　（池田）

ハダニ類

被害葉の表面には白〜淡黄色のかすり状の小斑点ができる

多発のときは、葉の表面に淡黄色のかすり状の変色部が広がる

葉の裏側を注意深く調べると、白または赤色のハダニが認められる

カンザワハダニによる淡黄色の
かすり状小斑点　　　　　（池田）

葉の裏側の葉脈沿いに、ナミ
ハダニの成虫や卵とともに脱
皮殻が認められる（上遠野）

ナミハダニ（淡黄色、両脇に黒紋）の成虫と卵　　（池田）

カンザワハダニの成虫（赤色）と卵　　　　　　（池田）

雌成虫は若い柔らかい枝に尾端をさし込んで産卵する

チュウレンジハバチ

産卵あとは幼虫が脱出した後、表皮が裂けて縦長の割れめとなる

アカスジチュウレンジは刺激を与えると体をくの字に曲げる特徴がある　　（澤田）

チュウレンジ　ハバチ

幼虫は成長するにしたがってしだいに分散し、葉脈を残して葉を食い荒らす　　　（牛山）

チュウレンジハバチの激発により、葉脈を残して食いつくされた温室バラの惨状

バラクキバチ

バラクキバチの産卵により突然しおれた新梢

カイガラムシ類

バラシロカイガラムシの寄生により、生育がおとろえた被害枝の状況

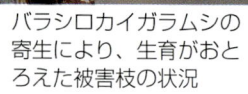

多発したバラシロカイガラムシの寄生状況。枝は小さな白っぽいものでびっしり覆われる　　　（牛山）

ヨトウガ・ハスモンヨトウ

ふ（孵）化幼虫の食害により白斑を生じた葉

ふ化幼虫は葉裏に群生し、裏側から葉肉を食う

被害の状況：多発によりほとんどの葉に多数の白斑が認められる（牛山）

ハマキムシ類

葉のふちを巻いたり、数枚の葉を重ねてつづったりし、その内部で幼虫が食害する　　　　　　（西東）

チャハマキの幼虫は体長20〜30mm、淡緑色のイモムシ状で頭部は黒褐色である。類似の種類が多く、区別はむずかしい　（西東）

バラ以外にも種々の庭木に類似の被害が見られる（西洋シャクナゲでの被害）

ケムシ類

大型のマイマイガ幼虫の加害により、短期間のうちに丸坊主になったバラの株

被害の激しい株元には大型のマイマイガ幼虫が散見される

ゴマダラカミキリ

成虫は通常6〜7月ころ飛来する

成虫は当年生の若い枝（青枝）の樹皮を食害する

食害あとが枝のまわりを取り巻くと、その部分から枯れたり折れたりする

成虫は株元部の枝の樹皮の下に産卵する

幼虫（テッポウムシ）は株元の木質部に食い入り、内部を食いすすみ、虫糞を排出する

幼虫（テッポウムシ）は乳白色のウジムシ状で、地ぎわ部の茎内を食い荒らす　　　（中村）

コガネムシ類

マメコガネの成虫は飛来して花にもぐり込み花弁や雄ずいを食害する　　（牛山）

マメコガネの成虫　　（澤田）

飛来成虫が花にもぐり込み食害している
コアオハナムグリ　　　　　　　（牛山）

ドウガネブイブイの
成虫　　　　（澤田）

バラの害虫の見分け方・防ぎ方

アブラムシ類

　小さな虫なので、うっかりしているうちに、いつの間にか、新梢やつぼみにびっしりと集団となって寄生しているのに気づき、驚かされることがある。花に寄生すると、せっかくの花がだいなしになってしまう。小さな虫は軟弱そうに見えるが、意外に農薬には強く頑固なところがあるのもこまったものだ。

■被害と診断
　被害の状況　新芽、新梢、新葉、つぼみ、がくなどの主としてやわらかい部分に緑色または黄緑色のアブラムシが群がって寄生しているのが見られる。花弁にはあまり見られないが、種によっては花に寄生することもある。
　発生は4～5月に最も多いが、秋にも発生する。施設では冬でも発生する。
　多発するとアブラムシの出す甘い汁（甘露）やすす病で葉が汚れ、脱皮殻や有翅虫が多くなり、新芽や花の生育が抑制される。また、がくに寄生すると花の美観がそこなわれる。
　診断のポイント　新芽、新梢、新葉、つぼみ、がくなどやわらかい部分に注目し、虫の有無を観察する。生育の初期のころから群生することがある。甘露やすす病で葉が汚れているときは、アブラムシの寄生を調べる。
　類似被害との見分け方　すす病の原因には、アブラムシ類のほかに、コナジラミ類の寄生によることがある。コナジラミ類は成虫、幼虫ともに葉裏で吸汁しているので確認する。

■害虫とその生態

バラに寄生するおもなアブラムシは、いずれも緑色系でにているので区別しにくいが、大きさや体色と角状管（体後方に突きでている1対の管）の色で、ある程度の区別ができる。

◇イバラヒゲナガアブラムシ［学名：*Sitobion ibarae*（Matsumura）］

バラに寄生するアブラムシ類のなかで最も大型で、雌成虫の体長約3mm、体色は光沢のある緑色で、頭部付近は赤褐色、前・中胸は緑色に橙赤色（オレンジ色）を帯びることが多い。腹部は黄緑色から緑色で、胸部と胸部前方が暗色を帯びることがある。角状管は黒色で長く、体長の約3分の1、尾片は淡黄色である。

寄主植物は栽培バラおよびノイバラで、周年寄生する。おもに春に多発するが、施設内では一年中発生が見られ、大きなコロニーをつくる。寒冷地では卵で越冬するが、暖地では成虫や幼虫で越冬する。越冬虫は冬季のわずかな新芽、特に地面近くの新芽に集まり、春季、新芽の伸長とともに急増する。夏季には一時減少するが、秋には再び増加する。

◇バラミドリアブラムシ［Green rose aphid　学名：*Rhodobium porosum*（Sanderson）］

体色は緑色でイバラヒゲナガアブラムシによくにている。しかし、体長が約1.8mmと小型なことと、角状管が緑色で網目状になっていないので区別できる。バラの新梢、つぼみ、花梗に群れになって寄生する。ときに花にも寄生する。

◇モモアカアブラムシ［Green peach aphid　学名：*Myzus persicae*（Sulzer）］

体長1.8～2mmと中程度の大きさで、体色は緑色、黄緑色、赤褐色のものがある。角状管、尾片は体と同じ色であるが、角状管の先端は暗色である。角状管の先端がかすかにふくれているものも多い。

多くの野菜類に寄生する広食性の害虫である。バラでは、おもに葉裏に寄生するが、新梢や花にも寄生する。発生初期の虫のふえ方は非常におそいが、やがて急激に増加する。ウイルスの媒介者としても重要なアブラムシであるが、バラではアブラムシ伝搬性のウイルス病は知られていない。

◇ワタアブラムシ（Cotton aphid　学名：*Aphis gossypii* Glover）

アブラムシ類

体長は約1.2mmで小さい。体色は黒に近い暗緑色または緑色であるが、黄色のものもいる。体色は季節により変化し、春秋の低温期には黒色、夏の高温期には黄色のものが多くなるといわれる。触覚、角状管ともに黒色である。

春から初夏に多発生するが、秋にも発生する。夏は中間寄主植物に移住して世代をくり返す。キク、ムクゲ、マサキ、ビワ、キュウリ、ナス、スイカ、チューリップ、サトイモ、そのほか多くの寄主植物の葉や花に寄生、吸汁するが、バラでの寄生はそれほど多くない。

■耕種的防除

庭園などでは、晴天の午前中に強めに散水して新梢やつぼみに寄生しているアブラムシをたたき落とす。施設では、天窓や側窓などの開口部に寒冷紗や防虫ネットを張って有翅虫の侵入を防ぐ。

モモアカアブラムシやワタアブラムシは雑草にも寄生していることがあるので、バラ園内外の除草につとめる。

■薬剤による防除

アブラムシ類には薬剤抵抗性が発達し、薬剤の種類によってはかなり効果が低下しているのが現状である。特に有機リン系剤（スミチオン乳剤、オルトラン水和剤など）や合成ピレスロイド系剤（スカウトフロアブル、マブリック水和剤20など）は著しい。いずれにしても、同一薬剤を連用すると薬剤抵抗性を発達させる傾向のあることは明らかであるから、ちがう系統の薬剤を選んでローテーション（輪番）散布を行なうことが重要である。

アブラムシ類の防除は早期防除が肝要である。発生を認めたら、早めにオルトラン液剤または水和剤、スミチオン乳剤などを散布する。これらの有機リン系剤に効果がみられないときは、薬剤抵抗性が発達していると考えられるので、スカウトフロアブル、アドマイヤーフロアブル、モスピラン水溶剤、オレート液剤などをローテーション散布する。発生初期にベストガード粒剤を株元にパラパラと（1～2g／株）まいておくのもよい。

施設では、散布にかえてモスピランジェットとロディーＶＰくん煙顆粒を交

互にくん煙処理すると省力的でよいだろう。

家庭で1～2株のバラのアブラムシなどの害虫を手軽に駆除するには、カダンD、ベニカエース、ベニカXなどのエアゾール剤、または、ベニカXスプレー、花セラピーなどの原液剤を吹きつけるとよい。

品種により薬害の発生が異なることがある。おもな薬害の症状は、新葉の縮み、脱色、退色、褐色斑点、葉縁の脱色、黄化などで、ひどい場合は落葉する。また、花弁に斑点が見られることもある。はじめて使用する薬剤は、一部の株にテスト散布して安全性を確かめておくとよい。高温時の薬剤散布は薬害をだしやすいので、できるだけ午前中に散布する。

なお、薬剤散布をしても、ただちにアブラムシが死滅するわけではない。薬効を判断するには、通常、3～5日後に、新梢や葉などの寄生状況を確認する。

アブラムシ類 薬剤の使用法と特性・使用上の注意

商品名	一般名	安全使用基準		倍率・使用量	特性と使用上の注意
		時期	回数		
スミチオン乳剤	〈有機リン系剤〉MEP乳剤	—	6回以内	1,000倍	● 低毒性有機リン殺虫剤で、イネ、果樹、野菜、花卉、庭木などの広範囲の害虫に効果があり、残効性もある。バラではアブラムシ類に適用がある ● 昆虫体内で酸化されて、スミオクソンになり、アセチルコリンエステラーゼの活性を強く阻害して殺虫力を示す。魚毒性はやや強い（B）
サイアノックス乳剤	〈有機リン系剤〉CYAP乳剤	—	6回以内	1,000倍	● 鱗翅目害虫やアブラムシ類に対して速効的に作用し、残効性はいくらかあるが、浸透移行性はあまりない ● おもに果樹、アブラナ科野菜、マメ類に使われる。アセチルコリンエステラーゼの正常な働きを阻害し、神経機能に障害をおこし、殺虫作用を示す。魚毒性B
オルトラン液剤／水和剤	〈有機リン系剤〉アセフェート液剤	—	6回以内	250～500倍 水和剤は1,000倍	● 低毒性の浸透性有機リン系殺虫剤で、根と茎葉の両方から浸透し、残効も長い ● 吸汁性と食害性の広範囲の害虫に効果があり、バラではアブラムシ類とチュウレンジハバチに適用（液剤のみ）がある ● 昆虫の中枢にあるコリン作動性シナプスにおけるアセチルコリンエステラーゼの働きを阻害して殺虫力を示す。魚毒性A

スカウトフロアブル	〈合成ピレスロイド系剤〉トラロメトリン水和剤	—	5回以内	2,000～3,000倍	● きわめて低薬量で広い殺虫スペクトルを持ち、神経軸索に直接作用し、強い殺虫作用を現わす ● バラではアブラムシ類で登録がある ● 抵抗性害虫の出現を防ぐため、連用をさけ、作用性の異なる殺虫剤とのローテーション散布をする。魚毒性はきわめて強い（C）
マブリック水和剤20	〈合成ピレスロイド系剤〉フルバリネート水和剤	—	2回以内	2,000～4,000倍	● 接触毒性により殺虫効果を示し、アブラムシ類のほかに鱗翅目（チョウ・ガ類）、甲虫目、ハダニ類に効果がある ● 神経系への作用、摂食阻害、忌避作用などを示す ● 作用性の異なる殺虫剤とのローテーション散布をする。魚毒性はきわめて強い（C）
アドマイヤーフロアブル	〈ネオニコチノイド系剤〉イミダクロプリド水和剤	発生初期	5回以内	2,000倍	● 接触や経口により、昆虫のシナプス後膜に作用し神経伝達を遮断しておこし、死に至らしめる。残効性は長い ● 抵抗性害虫の出現を防ぐため、連用をさけ、作用性の異なる殺虫剤とのローテーション散布をする。魚毒性A
モスピラン水溶剤	〈ネオニコチノイド系剤〉アセタミプリド水溶剤	発生初期	5回以内	2,000倍	● 接触や経口により、昆虫のシナプス後膜に作用し神経伝達を遮断して麻痺をおこし、死に至らしめる ● ヨコバイ目（アブラムシ類など）、鱗翅目、アザミウマ目、甲虫目に効果が高い ● バラではアブラムシ類とミカンキイロアザミウマに適用がある ● 浸透移行性があり、未処理葉でも高い効果がみられる。魚毒性A
ベストガード粒剤	〈ネオニコチノイド系剤〉ニテンピラム粒剤	発生初期	4回以内	1～2g/株	● 接触や経口により、昆虫のシナプス後膜に作用し神経伝達を遮断して麻痺をおこし、死に至らしめる ● アブラムシ類、アザミウマ類、コナジラミ類、ヨコバイ類に効果がある ● バラではアブラムシ類とミカンキイロアザミウマに適用がある ● 浸透移行性があり、未処理葉でも高い効果がみられる。魚毒性A
オレート液剤	〈合成殺虫剤〉オレイン酸ナトリウム液剤	発生初期	5回以内	100倍	● 昆虫の吸収口である気門を被覆することにより窒息死をおこす ● 抵抗性の発達するおそれが少なく、薬剤抵抗性のアブラムシにも有効である。魚毒性A

アブラムシ類

薬剤名	系統	発生時期	使用回数	使用量	特徴
モスピランジェット	〈ネオニコチノイド系剤〉アセタミプリドくん煙剤	発生初期	5回以内	50g/400m^3	● 接触や経口により、昆虫のシナプス後膜に作用し神経伝達を遮断して麻痺をおこし、死に至らしめる ● アブラムシ類、アザミウマ類、コナジラミ類に効果があり、バラではアブラムシ類に適用がある ● 浸透移行性があり、未処理葉でも高い効果がみられる ● 夕方くん煙し翌朝施設を開放する。強風時のくん煙はさける
マブリックジェット	〈合成ピレスロイド系剤〉フルバリネートくん煙剤	—	2回以内	50g/400m^3	● ピレスロイド系殺虫・殺ダニ剤で、神経伝道が抑制または阻害されて、麻痺状態から死に至る ● 速効性、残効性、忌避作用を兼ね備えている ● バラのほか、キュウリ、スイカ、ナス、イチゴ、カーネーションなどのアブラムシ類、ハダニ類に適用がある。魚毒性C
ロディーVPくん煙顆粒	〈混合剤〉フェンプロパトリン・DDVPくん煙剤	—	4回以内	20g/100m^3	● フェンプロパトリンはピレスロイド系剤で、中枢神経のシナプスに働き、これを麻痺して死に至らせる。広い殺虫スペクトルを持ち、特にハダニ類に効果が高い ● DDVPは有機リン殺虫剤のひとつで、接触剤、消化中毒剤として作用するほか、くん蒸作用も強い。植物体内ですみやかに分解され、残効は短い ● バラではアブラムシ類とハダニ類に適用がある
オルトランC	〈殺虫・殺菌混合剤〉アセフェート・MEP・トリホリンエアゾル	—	—	そのまま噴射	● 家庭園芸用の殺虫・殺菌混合剤で、殺虫成分として有機リン剤のオルトラン・スミチオン、殺菌成分としてステロール生合成阻害剤のサプロールを含む ● バラではアブラムシ類、ハダニ類、うどんこ病、黒星病に適用がある
カダンD	〈殺虫・殺菌混合剤〉アレスリン・TPNエアゾル	—	—	そのまま噴射	● 家庭園芸用の殺虫・殺菌混合剤で、殺虫成分として有機リン系のアレスリン、殺菌成分としてTPN（ダコニール）を含む ● バラとキクに登録がある。バラではアブラムシ類、ハダニ類、チュウレンジハバチ、黒星病、うどんこ病などに適用がある

カダンP	〈殺虫・殺菌混合剤〉ペルメトリン・TPNエアゾル	−	−	そのまま噴射	● 家庭園芸用の殺虫・殺菌混合剤で、殺虫成分として合成ピレスロイド剤のアディオン、殺菌成分としてTPN（ダコニール）を含む ● バラとキクに登録がある。バラではアブラムシ類、ハダニ類、チュウレンジハバチ、黒星病、うどんこ病などに適用がある
アタックワンAL	〈殺虫・殺菌混合剤〉ビフェントリン・ミクロブタニル液剤	発生初期	−	原液をそのままスプレー	● 家庭園芸用の殺虫・殺菌混合剤で、殺虫成分として合成ピレスロイド剤のテルスター、殺菌成分としてステロール生合成阻害剤のラリーを含む ● バラではアブラムシ類、ハダニ類、チュウレンジハバチ、黒星病、うどんこ病などに適用がある
花セラピー	〈殺虫・殺菌混合剤〉フェンプロパトリン・ヘキサコナゾール液剤	−	6回以内	原液をそのままスプレー	● 家庭園芸用の殺虫・殺菌混合剤で、殺虫成分として合成ピレスロイド剤のテルスター、殺菌成分としてステロール生合成阻害剤のラリーを含む ● バラではアブラムシ類、ハダニ類、チュウレンジハバチ、黒星病、うどんこ病などに適用がある
キンチョールS	〈殺虫・殺菌混合剤〉ペルメトリン・トリホリンエアゾル	−	−	そのまま噴射	● 家庭園芸用の殺虫・殺菌混合で、殺虫成分として合成ピレスロイド剤のアディオン、殺菌成分としてステロール生合成阻害剤のサプロールを含む ● バラではアブラムシ類、ハダニ類、チュウレンジハバチ、黒星病、うどんこ病などに適用がある
ベニカXスプレー	〈殺虫・殺菌混合剤〉ペルメトリン・ミクロブタニル液剤	−	−	原液をそのままスプレー	● 家庭園芸用の殺虫・殺菌混合剤で、殺虫成分として合成ピレスロイド剤のアディオン、殺菌成分としてステロール生合成阻害剤のラリーを含む ● バラではアブラムシ類、ハダニ類、チュウレンジハバチ、黒星病、うどんこ病などに適用がある

アブラムシ類

アザミウマ類（スリップス類）

せっかく咲いた花に、目の覚めるような冴えた美しさがない。みずみずしさもない。よく見ると花弁もしみがついているようで、うす汚れている。原因がはっきりしないので、花を前にして悩むことになる。こんな思いにとらわれたことはないだろうか。じつはこのような被害は、たいていの場合アザミウマ類（スリップスともいう）の寄生によるものである。

■被害と診断

被害の状況 開花した花弁とそのふちがところどころ褐変してしみ状になる。開花まぢかのふくらんだつぼみの花弁先端もわずかに褐変していることがある。花弁をめくって息を吹きつけると、1～2mmの黒褐色または黄色の小さな細長い虫（アザミウマ類の成虫）がすばやく動きまわるのが見られる。

多発すると、ほとんどの花の花弁のふちが食害されて褐変し、さらに花弁の内部も褐色のかすり状となる。

満開の花をいつまでも咲かせておくと、アザミウマが急速に増加し、新芽に寄生してその先端が黒変したり、萎縮したりすることもある。

診断のポイント つぼみが開きはじめるころから、花弁のふちにしみなどの汚れがないかどうか注意する。しみ状の汚れや斑点があるときは息を吹きつけてみる。花の中から黒褐色または黄色の小さな細長い虫が出てきて動きまわれば、アザミウマが加害していることがわかる。

類似被害との見分け方 花弁の斑点やしみは、灰色かび病などの被害でも見られる。ルーペで調べれば、かびの有無は容易に確認できる。また、息を吹きつけてアザミウマを見つけだすこともできるので、区別できる。しかし、アザミウマの種類を見分けることは専門家以外には困難である。

■害虫とその生態

　バラを加害するアザミウマは少なくとも6種が知られているが、花を加害するものは、おもにヒラズハナアザミウマとミカンキイロアザミウマである。体色と大きさからある程度の見当をつけることができるが、正確な区別は専門家でないと困難である。

　◇ヒラズハナアザミウマ［Flower thrips　学名：*Frankliniella intonsa* (Trybom)］

　雌成虫は体長約1.5mmで、アザミウマのなかでは大きく、体色は褐色ないし暗褐色である。雄成虫は雌成虫より小さく体長約1.1mmで体色は黄色であるが、腹部の背板が淡褐色になっているものもいる。雌成虫の生存期間は25℃で約52日、産卵数は合計約500個である。

　施設内の花には冬季でも成虫が見られるが、生殖休眠しているので産卵はしない。したがって、増殖することはない。

　広食性で、おもに広葉の野菜、花卉類、雑草、イチジクなどに寄生する。成虫、幼虫とも新芽、葉、花に寄生し吸汁するが、花の被害が大きい。バラでは葉や新芽の被害はほとんど見られないが、花弁に白や茶色の大小の斑点をつけたり、花弁のふちに大きな褐色のしみをつけるなどの被害を与える。

　◇ミカンキイロアザミウマ（Western flower thrips　学名：*Frankliniella occidentalis* Pergande）

　雌成虫は体長約1.5mmで、ヒラズハナアザミウマと同様に比較的大きいアザミウマである。体色は、夏季には淡黄色、冬季には褐色に変化する。雄成虫は体長約1mmで雌より小型。体色は一年を通して淡褐色である。

　成虫は15℃では約100日、20℃では約60日前後生存し、25℃、30℃と高温になるにしたがって生存日数は短くなる。成虫は花に寄生、吸汁し、雌は植物組織中に合計200〜300卵を産む。幼虫はおもに花に寄生して花粉や花弁を食べ、2齢を経て土中で蛹となり新成虫が羽化する。

　ヒラズハナアザミウマと同様に寄生、吸汁加害するが、休眠しないため、冬でもハウス内では被害がつづく。

◇**そのほかのアザミウマ**

バラの花や新芽などに寄生して被害を生じるアザミウマは上記の2種のほかに、クロトンアザミウマ（暗褐色、約1.6mm、バラ、ラン類、カキなどを加害、葉裏に寄生）、ビワハナアザミウマ（橙黄色、約1mm、バラ、キク、ビワなどの花に寄生）、ハナアザミウマ（暗褐色、約1.3mm、バラ、アヤメ、キクほか多くの植物の花に寄生）、ネギアザミウマ（暗褐色または淡黄色、約1.3mm、バラ、キク、ネギ、カーネーション、マメ類などの新芽、葉、花に寄生）の4種が知られている。

アザミウマ類のバラの花への吸汁加害は、バラ園など露地のバラでは、5月の一番花から見られるが、気温の上昇とともに急増し、二番花以降は多発しやすい。秋バラにも引きつづき多発しやすいが、晩秋には気温の低下とともに被害は軽微になる。

温室などの施設では、冬でも発生するが、多発することはほとんどなく、被害は軽い。しかし、3月以降、気温の上昇とともにふえ、4月以降は急増し、5〜6月に最も多くなる。この時期には、周辺へ分散・まん延する発生源ともなる。施設のアザミウマ類は、盛夏期には一時減少するが、9月には再び増加し、秋バラにも被害を生じる。

■**耕種的防除**

花はアザミウマ類の最高の増殖場所であり発生源なので、不要の花はなるべく早く切り取って処分する。また、毎年アザミウマ類の被害を受けるところでは、夏季の三番花はつぼみのうちにすべて切り取りたい。なお、切り取った花は、放置せずに必ず処分する。

施設で栽培している場合は、不要な花を持ち込んだり施設周辺にほかの草花を植えないことや、除草も大切である。また、施設への侵入を防ぐため、施設の開口部に防虫ネットや白色寒冷紗を張る。この場合、青色や黄色のネットはアザミウマ類を誘引するおそれがあるので使用しない。

施設内では、青色粘着テープ（青竜など）を10a当たり15〜30本吊るし、

成虫を誘殺する。

　アザミウマ類は太陽の反射光をきらうため、アルミを蒸着させた銀色の反射資材（シルバーマルチ、シルバー寒冷紗）をマルチに利用したり、施設のまわりに張ると、有翅虫の飛来防止に効果が高い。施設の側窓や周囲にネットやマルチとして利用する。

　施設では紫外線除去フィルムを利用すると、アザミウマ類やアブラムシ類の侵入、加害を抑制することができる。

■薬剤による防除

　多発生してからでは薬剤防除の効果があがりにくいので、発生に注意し、初発を認めたらすぐにベストガード水溶剤、モスピラン水溶剤などを7〜10日おきに散布する。これらの散布によりアブラムシも同時防除される。

　多発したときは、開花している花など、発生源を徹底的に除去するとともに、ベストガード水溶剤、モスピラン水溶剤、カスケード乳剤などを5〜7日おきにローテーション散布する。

　施設やバラ園の周辺に、草花の花壇や鉢物あるいはイチジクなどがある場合には、それらに対しても同様に薬剤散布をすることが望ましい。

　品種によって薬害を生じることがあるので、はじめて使用する薬剤については、一部の株にテスト散布をして安全性を確かめてから使用する。

ダイアナ・プリンセス オブ ウエールズ

アザミウマ類（スリップス類）　薬剤の使用法と特性・使用上の注意

商品名	一般名	安全使用基準 時期	安全使用基準 回数	倍率	特性と使用上の注意
ベストガード水溶剤	〈ネオニコチノイド系剤〉ニテンピラム水溶剤	発生初期	4回以内	1,000倍	● 接触や経口により、昆虫のシナプス後膜に作用し神経伝達を遮断して麻痺をおこし、死に至らしめる ● アブラムシ類、アザミウマ類、コナジラミ類、ヨコバイ類に効果がある。バラではミカンキイロアザミウマに適用がある ● 浸透移行性があり、未処理葉でも高い効果がみられる。魚毒性A
モスピラン水溶剤	〈ネオニコチノイド系剤〉アセタミプリド水溶剤	発生初期	5回以内	2,000倍	● 接触や経口により、昆虫のシナプス後膜に作用し神経伝達を遮断して麻痺をおこし、死に至らしめる ● 半翅目、鱗翅目、アザミウマ目、一部の鞘翅目害虫に効果が高い。バラではアブラムシ類とミカンキイロアザミウマに適用がある ● 浸透移行性があり、未処理葉でも高い効果がみられる。魚毒性A
カスケード乳剤	〈IGR剤〉フルフェノクスロン乳剤	—	3回以内	1,000倍	● 昆虫成長制御剤で、外骨格を形成するキチン質の生合成が阻害され、幼虫の脱皮は不完全となり死に至る ● ハダニ類やアザミウマ類では、本剤を取り込んだ成虫の卵はふ化が抑制される ● 鱗翅目害虫、ハダニ類、アザミウマ類に効果があり、バラではハダニ類とミカンキイロアザミウマに適用がある ● エビ類には強い影響があるので養殖池周辺では注意する。魚毒性B

ハダニ類

　葉にみずみずしさがたりない。ところどころ白くかすり状になったり、黄色っぽくなったりしている。ひょっとすると、ウイルス病ではないかと心配になってくる。せっかく花が咲いてもいまひとつで、落ち着かない。このようなときは、まずハダニを疑ってみる。

■被害と診断

　被害の状況　はじめ、上位葉に針で突っついたような白色ないし退色の小さな斑点がかすり状に現われる。多数の小斑点が集中すると、その部分は退色または淡黄色となる。葉裏をルーペで観察すると、暗赤色や黄緑色のハダニの成虫、幼虫、卵、脱皮殻などが見える。

　発生の激しいときは、葉全体が白っぽくなったり、褐変したりして、著しく生気を失う。後になるとこのような葉の上にクモの糸が張りめぐらされ、落葉が早まる。被害株は生育がおとろえ、花つきもわるくなる。

　庭園など、戸外のバラでは5月ごろから発生し、11月ごろまで認められるが、梅雨明け後の高温期に急増し、被害が激しくなる。また、施設のバラでは、年中繁殖して激しい被害がつづきやすい。

　診断のポイント　葉に針で突っついたような白っぽい斑点がないかどうか注意する。初発の被害を見つけるときは、上位の葉を調べる。かすり状の小斑点があれば、葉裏をルーペでていねいに調べる。なれれば、ハダニの成虫、幼虫、卵、脱皮殻などを見つけるのはそれほどむずかしくない。

　類似被害との見分け方　葉の表にできるかすり状の小斑点は、ウイルス病のモザイク症状に少しにているかもしれない。しかし、葉の裏側をルーペで調べれば、ハダニの被害とすぐわかる。

■害虫とその生態

　バラに寄生加害するハダニ類は、カンザワハダニ、ナミハダニ、ニセナミハダニの3種が知られているが、被害の大きいものは、前2種である。ニセナミハダニはナミハダニの赤色型と呼ばれ、種としては同種との見解もあるが、ここでは、『日本農業害虫大事典』（全国農村教育協会）に従って別種としておく。

◇**カンザワハダニ**（Kanzawa spider mite　学名：*Tetranychus kanzawai* Kishida）

　雌成虫は暗赤色で体側に暗色斑を持ち、体長0.5mm内外、休眠雌は朱色になる。雄も胴体部は赤みを帯び、雌より小さく、体長0.4mm内外である。

　幼虫、成虫ともに葉裏に寄生、吸汁する。発生は4～11月で、発生適温は25～30℃である。バラのほか、サルビア、マリーゴールド、アサガオ、ヒマワリ、ランなど多くの花卉のほか、各種の野菜、果樹などに寄生する。

◇**ナミハダニ**（Two-spotted spider mite　学名：*Tetranychus urticae* Koch）

　雌成虫は体長0.6mm内外で、淡黄ないし淡黄緑色で、胴部の左右に大型の黒色または暗緑色の斑紋がある。休眠雌は淡橙色で黒紋はない。雄は体長0.4mm内外で小さい。

　雌の産卵数は100～150個で25℃では10日で1世代をくり返し、暖地では年間15世代以上に達してハダニのなかで最も増殖率が高い。

　幼虫、成虫ともに、葉裏に寄生、吸汁し、落葉の原因となる。寄生の範囲は広く、リンゴ、ナシ、モモ、そのほかの果樹、キュウリ、ナス、スイカ、イチゴなど野菜、バラ、キク、シクラメンなど花卉のほか、野生植物にも広く寄生、作物と雑草間の移動が行なわれる。

◇**ニセナミハダニ**［Carmine spider mite　学名：*Tetranychus cinnabarinus* （Boisduval）］

　ナミハダニの赤色型とも呼ばれ、雌成虫は体長0.6mm内外で暗赤色、雄は0.4mm内外で黄色。幼・成虫とも葉裏に寄生吸汁し、カーネーションの重要害虫であるが、バラを含め、ほかの作物では被害は少ない。本種は休眠しない特徴があり、施設での発生が多い。

■**耕種的防除**

　ハダニは高温乾燥の状態が繁殖の最適条件である。露地バラでは、5月以降晴天がつづき、ハダニの被害が認められたときは、晴天の日の午前中に葉裏から強く散水またはシリンジ（霧状に吹きつける）する。こうすることによって、ハダニは脱落するとともに繁殖力がにぶくなる。ただし、露地バラでは黒星病の発病に注意しなければならないので、葉への散水やシリンジは晴天日の午前中に実施することが必要である。

　ハダニは雑草にも寄生しているので、バラ花壇内外の除草につとめることも大切である。

　施設では、ハダニは露地以上に大敵であるから、葉へのシリンジは重要である。定期的に実施して、ハダニの増殖を未然におさえる。

■**薬剤による防除**

　発生初期から殺ダニ剤を散布する。ハダニはアブラムシよりもいっそう小さいが、薬剤に強いので、アブラムシをはじめとした昆虫対象の殺虫剤はほとんど効かない。薬剤防除には、ハダニ専用の殺ダニ剤がぜひとも必要である。

　しかし、こまったことに、殺ダニ剤といえども、必ずしも十分な効果を示さないものが少なくないのが実情である。その大きな原因は、薬剤抵抗性を獲得したハダニがふえていることによるのである。したがって、防除効果を高めるには、薬剤抵抗性を生じさせないことが重要である。

　薬剤抵抗性は、同一薬剤の連続散布の結果もたらされることは明らかであるから、性質の異なる数種類の殺ダニ剤を用意して、ローテーション散布またはくん煙する。

　バラに使用できる殺ダニ剤は、散布剤では、ダニカット乳剤20、オサダン水和剤25、ニッソランV乳剤、テルスター水和剤、ダニトロンフロアブル、コロマイト水和剤、カスケード乳剤、マブリック水和剤20など種類が多い。くん煙剤では、マブリックジェット、テルスターくん煙剤、ロディーくん煙顆粒など種類が少ない。

施設では、防除回数が多くなるので、くん煙だけでは対処しきれないおそれがあるから、散布と併用することになる。シリンジを励行して、ハダニの繁殖をおさえることも必要である。

家庭用エアゾールにはカダンAPなどいくつもあるが、成分は類似のものがほとんどであることから、家庭用とはいえ、ハダニの防除をエアゾールにたよるのは望ましくない。むしろ、シリンジや散水によって、繁殖をおさえるほうが効果的と思われる。

散布剤は一見種類が豊富であるが、庭園のバラを対象に、家庭で用意する殺ダニ剤はせいぜい2～3種類と思われるから、ローテーション散布といっても、すぐに行きづまってしまうことは明らかである。しかも、ハダニは驚くほどしぶといので、薬剤散布の効果は楽観できない。筆者の経験では、薬剤にたよりきることなく、強力散水やシリンジを励行して、ハダニの繁殖をおさえることが大切である。

フレンチ レース

ハダニ類　薬剤の使用法と特性・使用上の注意

商品名	一般名	安全使用基準 時期	安全使用基準 回数	倍率・使用量	特性と使用上の注意
ダニカット乳剤20	〈殺ダニ剤〉アミトラズ乳剤	開花前	2回以内	800倍	● オクトパミンレセプターに作用して、リン酸化と脱リン酸化のバランスを乱すと考えられている ● 成虫、幼虫、卵に速効的で残効もある ● バラ、キク、リンゴなどのハダニ類に適用がある。魚毒性B
オサダン水和剤25	〈殺ダニ剤〉酸化フェンブタスズ水和剤	—	2回以内	1,000倍	● 有機スズ化合物で、エネルギー生成系における酸化的リン酸化を阻害すると考えられている ● 幼虫と脱皮直後の成虫によく効き、遅効性（夏季3～4日、春秋7～10日）で残効が長い ● バラ、キク、野菜、果樹などのハダニ類に適用がある ● 夏季高温時に散布すると薬害のおそれがある。魚毒性C
ニッソランV乳剤	〈殺虫・殺ダニ剤〉ヘキシチアゾクス・DDVP乳剤	—	2回以内	1,000～1,500倍	● ヘキシチアゾクスは、ハダニの成虫に対する効果はないが、殺卵効果にすぐれる。残効が長く、遅効性で散布10日後に効力が現われる ● DDVPの混合により、バラ、キク、野菜、果樹のハダニ類、アブラムシに適用がある。魚毒性B
テルスター水和剤	〈合成ピレスロイド系剤〉ビフェントリン水和剤	—	3回以内	1,000倍	● ピレスロイド系殺虫・殺ダニ剤で、昆虫の神経膜に作用して神経伝達を阻害する。広い殺虫スペクトルを持ち、速効性とともに残効性もある ● 野菜、果樹、花卉の広範囲の害虫に適用があり、バラではハダニ類に適用。魚毒性が強い（C）
ダニトロンフロアブル	〈殺ダニ剤〉フェンピロキシメート水和剤	発生初期	1回	1,000倍	● 卵～成虫のいずれのステージにも有効であるが、幼虫と若虫に特に効果が高い ● 野菜、果樹、花卉（バラを含む）のハダニ類に登録がある ● 低濃度でも魚介類に強い影響を及ぼす。魚毒性C
コロマイト水和剤	〈殺ダニ剤〉ミルベミクチン水和剤	発生初期	2回以内	2,000倍	● ダニや昆虫の神経系に作用し、活動を抑制する。ハダニ類のすべての生育ステージに活性を示す ● 野菜、果樹、バラのハダニ類に適用がある。魚毒性C

カスケード乳剤	〈IGR剤〉フルフェノクスロン乳剤	—	3回以内	1,000倍	● 昆虫成長制御剤で、外骨格を形成するキチン質の生合成が阻害され、幼虫の脱皮は不完全となり死に至る ● ハダニ類やアザミウマ類では、本剤を取り込んだ成虫の産下卵はふ化が抑制される ● 鱗翅目害虫、ハダニ類、アザミウマ類に効果があり、バラではハダニ類とミカンキイロアザミウマに適用がある ● エビ類には強い影響を及ぼすので養殖池周辺では注意する。魚毒性B
ロディーくん煙顆粒	〈合成ピレスロイド系剤〉フェンプロパトリンくん煙剤	—	6回以内	20g/100m^3	● 神経系に作用し、けいれんや興奮をおこし、ついで麻痺して死に至る ● 速効性で残効性もあり、広い殺虫スペクトルを持ち、ハダニ類にもすぐれた効果がある ● スイカ、メロン、ナス、イチゴなどのハダニ類の防除に使われ、バラではハダニ類に適用がある。劇物、魚毒性C
マブリックジェット	〈合成ピレスロイド系剤〉フルバリネートくん煙剤	—	2回以内	50g/400m^3	● ピレスロイド系殺虫・殺ダニ剤で、神経伝道が抑制または阻害されて、麻痺状態から死に至る ● 速効性、残効性、忌避作用を兼ね備えている ● バラのほか、キュウリ、スイカ、ナス、イチゴ、カーネーションなどのアブラムシ類、ハダニ類に適用がある。魚毒性C
テルスターくん煙剤	〈合成ピレスロイド系剤〉ビフェントリンくん煙剤	—	3回以内	60g/200m^3	● ピレスロイド系殺虫・殺ダニ剤で、昆虫の神経膜に作用して神経伝達を阻害する ● 広い殺虫スペクトルを持ち、速効性とともに残効性もある ● 野菜、果樹、花卉の広範囲の害虫に適用があり、バラではハダニ類に適用。魚毒性が強い（C）
カダンAP	〈合成ピレスロイド系剤〉ペルメトリンエアゾル	—	—	—	● 神経伝道異常を引きおこすと考えられ、接触毒および経口毒作用により、強い殺虫力を示す ● 作物に対して薬害がほとんどない ● 乳剤、フロアブルは野菜、果樹、花卉の広範囲の害虫に広く使われ、エアゾルはバラ、キク、カーネーションなどに使われ、バラではアブラムシ類、ハダニ類、チュウレンジハバチに適用がある。魚毒性C

カイガラムシ類

　古い枝の地ぎわ部から上方にかけて、枝や幹の表面が白っぽくなっていることがある。よく見るとカイガラムシの寄生とわかる。

■被害と診断

被害の状況　枝や幹の地ぎわ部から上方にかけて、白色円形で扁平なカイガラムシが無数に付着する。これらのカイガラムシは、ときによると葉にも寄生する。

　多発してびっしりと枝や幹の表面を覆うほどになると、生育がおとろえ、美観がそこなわれる。特にひどい場合は枝が枯れることもある。

診断のポイント　茎の地ぎわ部から上方に向けて、白っぽいものが付着していないかどうか調べる。特に風通しのよくないところの株に注意する。白色円形の平らなカイガラムシは主としてバラシロカイガラムシである。

類似被害との見分け方　枝枯れをおこしている場合に、カイガラムシの寄生も見られることが多い。病気が原因のときは、病斑やかびが認められることがあるので注意する。ていねいに調べれば、カイガラムシを見つけるのはむずかしくない。

■害虫とその生態

◇バラシロカイガラムシ［Rose scale　学名：*Aulacaspis rosae*（Bouche）］

　マルカイガラムシ科に属し、雌成虫の介殻は大きさ2〜2.8mm、白色で、ほぼ円形。扁平で、周縁部に褐色楕円形の1・2齢幼虫の脱皮殻が付着している。雄幼虫の介殻は小型で細長く、純白色でもろい。

　カイガラムシとして寄生、吸汁しているのは、雌成虫と雌幼虫、および雄幼虫である。雌成虫は介殻下にまとめて産卵する。ふ化した幼虫は短時間ながら活発に動きまわり、介殻から脱出して移動するが、間もなく寄主に定着して、

ろう質物を分泌して介殻をつくる。そして、雌幼虫はそのまま移動することなく、2齢を経て成虫となり介殻下で吸汁をつづける。

　雄は2齢幼虫まで介殻下で定着吸汁するが、その後、前蛹、蛹を経て有翅の成虫となり、介殻から脱出し、羽化後2～3日のうちに交尾を終えて死ぬ。

　バラシロカイガラムシは、1年間に2～3世代をくり返し、おもに雌成虫で越冬するが、施設では発生回数がさらに多く、冬でも成虫、幼虫が見られる。食性はそれほど広くなく、バラ類のほか、ハマナス、キイチゴ類、キンミズヒキなどに寄生する。

　バラに寄生するカイガラムシは、バラシロカイガラムシ以外にも数種知られているが、マルカイガラムシ科に属するものとしては、ナシマルカイガラムシがある。被害状況はほぼ同様であるが、広食性で、バラ科の各種果樹類に広く寄生、加害する。

■耕種的防除

　密植、過繁茂をさけ、病枝、弱小枝、不要枝などのせん定につとめる。庭園など露地バラでは、日当たり、通風をよくするため、周辺の樹木や庭木のせん定もしっかり行なう。

　枝や幹に寄生しているカイガラムシを歯ブラシなどで除去する。また、冬季せん定では、被害の激しい枝は基部から切り除く。

■薬剤による防除

　冬季せん定後に、石灰硫黄合剤10倍液またはマシン油乳剤20～30倍液をていねいに散布し、越冬虫を根絶する。ただし、これらの薬剤は生育期には薬害をおこすので使えない。

　生育期には、ふ化直後の若齢幼虫を対象にアクテリックス乳剤など殺虫剤を散布する。ふ化直後の幼虫は殺虫剤に弱いので、アブラムシとの同時防除が可能であるが、実際は、ふ化幼虫とすでに介殻を形成した幼虫や成虫が混在しているので、1～2回の散布では効果があがりにくい。しかし、定期的に薬剤散布を実施していれば被害は最小限におさえられる。

カイガラムシ類 薬剤の使用法と特性・使用上の注意

商品名	一般名	安全使用基準		倍率	特性と使用上の注意
		時期	回数		
アクテリックス乳剤	〈有機リン系剤〉ピリミホスメチル乳剤	－	6回以内	500～1,000倍	● 低毒性有機リン殺虫剤で、接触殺虫作用とくん蒸殺虫作用を兼備し、速効的殺虫力を示す ● コナガ、オンシツコナジラミ、ヨトウガなどに有効で、バラではアブラムシ類、カイガラムシ類、ケムシ類に適用がある ● 不快臭がなく、花弁や葉を汚さないので、出荷直前の花に使用できる。魚毒性B
マシン油乳剤 マシン油エアゾル	〈天然殺虫剤〉マシン油剤	冬季	－	20～30倍	● 乳剤はマシン油95～97％含有。虫体を油で包むことにより窒息死させたり、体内に侵入して殺す。おもに果樹のカイガラムシ類、ハダニ類の防除に使われている。直接葉に触れると薬害をおこしやすい。落葉果樹の冬季散布に適する ● エアゾルはマシン油を3％含み、バラ、サザンカ、ツバキなどのカイガラムシ類の若齢幼虫に適用がある ● 魚毒性A

クロケシツブチョッキリ

　春、みずみずしい新梢が日ごとに伸びてつぼみが見えてくると、開花への期待に胸がふくらんでくるものだ。その大事な新梢の先端がつぎつぎにしおれたり、ちりちりと縮れたように枯れたりすることがある。

■被害と診断

　被害の状況　露地バラの新梢伸長期に、新梢の先端やつぼみの基部に針で刺したような黒い斑点状の傷が見られ、新梢はしおれて黒変し、ちりちりに乾いて枯れる。その部分にケシ粒ほどの黒い甲虫（ゾウムシの一種）が数匹群がっているのが見られる。捕まえようとすると、意外にすばしこく、新梢の後ろ側に隠れたり、地上に落下したりして逃げてしまう。

　発生の多いときは、ほとんどの新梢に被害が見られ、春の開花が見られないことすらある。また、開花しても、花が奇形となったり、花首が曲がったりすることがある。

　発生は露地バラで、4月下旬〜5月上旬の新梢伸長期に集中し、秋のバラでは問題にならない。また、施設ではほとんど被害が見られない。

　診断のポイント　4月下旬〜5月上旬に、伸長中の新梢先端部に異常がないか注意する。新梢先端部がしおれたり、黒変して枯れたりしているときはクロケシツブチョッキリの被害の可能性が高い。注意してみると、針で刺したような傷が見られる。ケシ粒ほどの黒いゾウムシが見つかることもある。

　類似被害との見分け方　新梢部のしおれはバラクキバチの被害でも見られる。しかし、注意して観察すれば、食害痕や新梢部の枯死、甲虫の加害などから、クロケシツブチョッキリの被害はすぐわかる。バラクキバチによるしおれの場合は、しおれ以外の症状が容易に見つからない。

■害虫とその生態

◇クロケシツブチョッキリ（学名：*Auletobius uniformis* Roelofs）

甲虫の一種である。成虫は体長2.7〜3mmで、比較的長い口吻を持つ小型のゾウムシである。体色は黒色で灰色の微毛があり、にぶい光沢がある。

成虫は4月中旬から発生し、5月上中旬に最も多くなる。露地のバラで、一番花のつぼみが見えはじめるころに被害が多くなる。成虫は、6〜7月にも発生するが、7〜9月にはサルスベリの花やつぼみに寄生、加害する。

新梢の先端に近いやわらかい茎に口吻で無数の傷をつけ、産卵管を挿入して茎の内部に卵を産む。傷をつけられた若い茎や花梗は急速に水分を失って乾き枯れするが、ふ化した幼虫はこれを食べて育ち、やがて被害部とともに脱落して地上に落ち、老齢幼虫は土中にはいって蛹となる。幼虫ははじめ半透明の小さなウジムシであるが、老熟すると3mmほどのずんぐりしたウジムシになる。

バラのほかに、ノイバラ、サルスベリ、イチゴにも寄生するので、周辺にこれらの植物が多いところでは被害が出やすい。

■耕種的防除

庭園のバラでは、4月下旬〜5月上旬の新梢伸長期に成虫の飛来に注意し、被害を発見したら捕殺する。施設では、出入り口、側窓、天窓などに、網戸や防虫網を設置し、外部からの飛来、進入を防ぐ。

■薬剤による防除

4月下旬〜5月上旬の新梢伸長期に、スミチオン乳剤、オフナック乳剤、トクチオン乳剤などを5〜7日おきに散布する。この虫は薬剤に弱いので、成虫の飛来時期にあわせて散布すれば防除することができる。施設やバラ園の周辺に、ノイバラなどがある場合には、これらにもあわせて薬剤を散布しておくとよい。

クロケシツブチョッキリ　薬剤の使用法と特性・使用上の注意

商品名	一般名	安全使用基準		倍率	特性と使用上の注意
		時期	回数		
スミチオン乳剤	〈有機リン系剤〉MEP乳剤	−	6回以内	1,000倍	● 低毒性有機リン殺虫剤で、イネ、果樹、野菜、花卉、庭木などの広範囲の害虫に効果があり、残効性もある。バラではアブラムシ類に適用がある ● 昆虫体内で酸化されて、スミオクソンになり、アセチルコリンエステラーゼの活性を強く阻害して殺虫力を示す。魚毒性はやや強い（B）
トクチオン乳剤	〈有機リン系剤〉プロチオホス乳剤	−	−	1,000倍	● 低毒性の有機リン殺虫剤で、昆虫の神経組織中のアセチルコリンエステラーゼの働きを阻害して殺虫効果を示す ● アブラムシ類、鱗翅目害虫に有効。バラではアブラムシ類に適用がある。魚毒性B

ソリドール

チュウレンジ類

　初夏のころ、新梢から展開した若葉がすくすくと育っているのをながめるのはすがすがしい。ところが、それらの葉が中肋（中央の太い葉脈）を残して無残に食われていることがある。

■被害と診断
　被害の状況　5月から9月ごろまでの間、淡緑色の幼虫が、展開した若葉の縁に群がって葉を食い、数日のうちに中肋を残して食いつくす。多発のときは、枝の全葉が食い荒らされてしまう。新梢のやわらかい茎には、黒い羽に覆われたオレンジ色の小型のハチが尾端の産卵管を茎に差し込んで産卵しているのが見られることがある。
　被害を受けた茎には、縦に数cmに達するすじ状の傷がついて、後になると表皮が割れた産卵痕が認められる。ふ化幼虫が脱出した後、茎の生長とともに産卵痕はしだいに大きな割れめとなる。
　バラの若葉を食害するチュウレンジ類には、アカスジチュウレンジ、チュウレンジハバチなど数種が知られているが、その被害状況はほぼ同じである。これらのチュウレンジ類はバラのほかにノバラも加害する。
　診断のポイント　展開した若い葉に注意する。幼虫は若葉のふちに群がって葉を食い荒らす。被害がすすむと、上位葉はほとんどすべて、中肋を残して食いつくされてしまう。茎にできる割れめはチュウレンジ類のふ化幼虫が脱出した後にできたものである。
　類似被害との見分け方　幼虫が群がって葉を食害するのは、チュウレンジ類のほかに、ハスモンヨトウやヨトウガなどの若齢幼虫の場合にも見られる。しかし、ハスモンヨトウなどヨトウガ類による食害は葉の裏側から葉肉が食われるので、表皮が残されて白斑状となり、チュウレンジ類の被害とは異なる。

■害虫とその生態

◇アカスジチュウレンジ［Rose argid sawfly　学名：*Arge nigrinodosa* (Motschulsky)］

成虫は体長約9mmで、頭部は黒色、胸部、腹部は黄褐色で、胸部背面に1～3個の黒色紋がある。触角と羽はいずれも黒色である。4月下旬～5月上旬に雌成虫が現われて、産卵管で茎に傷をつけながら、内部に1粒ずつ合計20～40粒産卵する。

ふ化幼虫は付近の葉に群がり、葉のふちから食害する。成熟するにしたがって分散移動する。終齢幼虫は3cmほどで、淡緑色ないし黄緑色で多数の小さい黒点が線状に並んでいる。刺激すると体をくの字状に曲げる。幼虫は太い葉脈だけを残して葉を食いつくすと、別の葉に移動する。幼虫期間は約30日で、成熟幼虫は地上に降り、土中で蛹となる。

年3～4回発生し、幼虫は5月中旬から11月上旬まで見られ、土中で蛹となって越冬する。

◇チュウレンジハバチ（Rose argid sawfly　学名：*Arge pagana* Panzer）

体長約8mm、頭部と胸部は黒色で青色を帯びた光沢がある。腹部は黄褐色で第一腹節は暗色を帯びる。触角は黒色、羽は暗色で半透明、脚は黒色である。アカスジチュウレンジによくにているが、羽が暗色で透明な部分がないことで区別できる。

雌成虫は4月下旬ごろ発生し、アカスジチュウレンジと同じようにやわらかい枝に産卵する。幼虫期間は約30日で、5～11月に3～4回発生し、老熟幼虫が土中で越冬する。幼虫は葉縁に群がって食害し、葉縁で尾端を上げる習性がある。

九州以北の日本各地に分布し、山麓地帯に多い。

■耕種的防除

5～7月に、新葉のついている若枝に注意し、産卵中の成虫を捕殺する。また、幼虫の群がっている若葉は虫が分散しないうちに、葉柄基部から摘除する。施設では、開口部に防虫ネットなどを張って成虫の飛来侵入を予防する。

周辺のノバラはできるだけ除去する。

■**薬剤による防除**

若齢幼虫は若葉に群がっているので早期発見につとめ、この時期に殺虫剤を散布する。チュウレンジ類に登録のある殺虫剤はオフナック乳剤、スミチオン乳剤、オルトラン液剤などであるが、若齢幼虫は弱いので、アブラムシ類に適用のある殺虫剤も効果がある。

家庭で1～2株程度であれば、カダンAP、ベニカエースなどのエアゾール剤、または、ベニカXスプレー、花セラピーなどの原液剤を吹きつければ、手軽に駆除できる。

チュウレンジ類 薬剤の使用法と特性・使用上の注意

商品名	一般名	安全使用基準 時期	安全使用基準 回数	倍率	特性と使用上の注意
オフナック乳剤	〈有機リン系剤〉ピリダフェンチオン乳剤	―	6回以内	1,000倍	● 低毒性有機リン殺虫剤で、コリンエステラーゼの活性を阻害し、神経機能に障害をおこす ● 鱗翅目害虫、イネドロオイムシなどに有効で、イネ、野菜、果樹などに使われ、バラではアブラムシ類とチュウレンジ類に適用がある。魚毒性B
スミチオン乳剤	〈有機リン系剤〉MEP乳剤	―	6回以内	1,000倍	● 低毒性有機リン殺虫剤で、イネ、果樹、野菜、花卉、庭木などの広範囲の害虫に効果があり、残効性もある。バラではアブラムシ類に適用がある ● 昆虫体内で酸化されて、スミオクソンになり、アセチルコリンエステラーゼの活性を強く阻害して殺虫力を示す。魚毒性はやや強い（B）
オルトラン液剤／水和剤	〈有機リン系剤〉アセフェート液剤	―	6回以内	250～500倍 水和剤は1,000倍	● 低毒性の浸透性有機リン系殺虫剤で、根と茎葉の両方から浸透し、残効も長い ● 吸汁性と食害性の広範囲の害虫に効果があり、バラではアブラムシ類とチュウレンジハバチに適用（液剤のみ）がある ● 昆虫の中枢にある、コリン作動性シナプスにおけるアセチルコリンエステラーゼの働きを阻害して殺虫力を示す。魚毒性A

商品名	種類			使用方法	特徴
オルトランC	〈殺虫・殺菌混合剤〉アセフェート・MEP・トリホリンエアゾル	−	−	そのまま噴射	● 家庭園芸用の殺虫・殺菌混合剤で、殺虫成分として有機リン剤のオルトラン、スミチオン、殺菌成分としてステロール生合成阻害剤のサプロールを含む ● バラではアブラムシ類、ハダニ類、うどんこ病、黒星病に適用がある
ベニカエース	〈合成ピレスロイド系剤〉エトフェンプロックエアゾル	−	−	そのまま噴射	● 家庭園芸用の殺虫殺菌エアゾルで、エトフェンプロックス（トレボン）0.1％含有 ● バラではアブラムシ類、チュウレンジハバチに適用がある
カダンAP	〈合成ピレスロイド系剤〉ペルメトリンエアゾル	−	−	そのまま噴射	● 神経伝道異常を引きおこし接触毒および経口毒作用により、強い殺虫力を示す ● 作物に対して薬害がほとんどない ● 乳剤、フロアブルは野菜、果樹、花卉の広範囲の害虫に広く使われ、エアゾルはバラ、キク、カーネーションなどに使われ、バラではアブラムシ類、ハダニ類、チュウレンジハバチに適用がある。魚毒性C
アタックワンAL	〈殺虫・殺菌混合剤〉ビフェントリン・ミクロブタニル液剤	発生初期	−	原液をそのままスプレー	● 家庭園芸用の殺虫・殺菌混合剤で、殺虫成分として合成ピレスロイド剤のテルスター、殺菌成分としてステロール生合成阻害剤のラリーを含む ● バラではアブラムシ類、ハダニ類、チュウレンジハバチ、黒星病、うどんこ病などに適用がある
花セラピー	〈殺虫・殺菌混合剤〉フェンプロパトリン・ヘキサコナゾール液剤	−	6回以内	原液をそのままスプレー	● 家庭園芸用の殺虫・殺菌混合剤で、殺虫成分として合成ピレスロイド剤のテルスター、殺菌成分としてステロール生合成阻害剤のラリーを含む ● バラではアブラムシ類、ハダニ類、チュウレンジハバチ、黒星病、うどんこ病などに適用がある
キンチョールS	〈殺虫・殺菌混合剤〉ペルメトリン・トリホリンエアゾル	−	−	そのまま噴射	● 家庭園芸用の殺虫・殺菌混合剤で、殺虫成分として合成ピレスロイド剤のアディオン、殺菌成分としてステロール生合成阻害剤のサプロールを含む ● バラではアブラムシ類、ハダニ類、チュウレンジハバチ、黒星病、うどんこ病などに適用がある
ベニカXスプレー	〈殺虫・殺菌混合剤〉ペルメトリン・ミクロブタニル液剤	−	−	原液をそのままスプレー	● 家庭園芸用の殺虫・殺菌混合剤で、殺虫成分として合成ピレスロイド剤のアディオン、殺菌成分としてステロール生合成阻害剤のラリーを含む ● バラではアブラムシ類、ハダニ類、チュウレンジハバチ、黒星病、うどんこ病などに適用がある

バラクキバチ

　4月下旬ともなると、新梢はぐんぐん伸びて、見るからにみずみずしく、その先端には早くもつぼみが見えてくる。だが、どうしたのだろう。きのうまで一番元気だった新梢が、首を垂れてぐったりしているではないか。

■被害と診断

　被害の状況　4月下旬から5月上旬、元気だった新梢が、なんのまえぶれもなく、突然首を垂れてぐったりしていることがある。すぐには枯れないが、2～3日のうちに、茎はしなびたようにしだいに細くなり、回復の見込みがないことがわかってくる。

　しおれた部分の基部を調べてみると、カミソリの刃で斜めに切り込んだような傷が見つかる。これは、バラクキバチの産卵でつけられた傷である。被害茎は新梢の葉を2枚くらいつけて、傷の部分から折れやすい。

　生育の旺盛な太くみずみずしい新梢が、未熟の時期に被害を受けやすく、つぼみがふくらんで、新梢がある程度硬化したものでは被害を受けることがない。

　診断のポイント　4月下旬～5月上旬のころ、新梢のしおれに注意する。バラクキバチは元気のよいすくすく伸びた新梢に好んで産卵する。つぼみがふくらんで、新梢が硬化したものでは被害を受けることはない。

　類似被害との見分け方　新梢がしおれる被害は、バラクキバチのほか、クロケシツブチョッキリの食害でも見られる。バラクキバチでは、しおれる部分は先端から2～3葉下位の部分で、鋭い切り込み傷が見られるが、食害痕はない。クロケシツブチョッキリでは、頂葉やつぼみの基部に食害痕が見られ、その部分からしおれたり、黒変して縮れたように枯れる。

■害虫とその生態

◇バラクキバチ（Rose stem sawfly　学名：*Syrista similis* Mocsary）

成虫は体長14〜16mm、体型は細長く、全体に黒色で、雌の腹部第3〜5節と第6節前半は赤褐色である。雄は顔面と腹部の両側縁が黄色で、卵は約1mmの白色半透明、長楕円球形である。幼虫は乳白色のウジムシである。

成虫は4月下旬〜5月上旬に飛来して、バラの新梢に産卵管によって傷をつけて産卵する。被害茎は傷の部分から急速にしおれる。卵は1茎に1粒ずつ産みつけられ、約10日でふ化する。幼虫ははじめしおれた茎の髄部を食いすすむが、のちに産卵部位より下方の茎内を食いすすみ、老熟幼虫は茎内に蛹室をつくり、繭内で休眠する。

発生は年1回で、越冬後、春に蛹となり、4月下旬ごろから羽化する。

つるバラに被害が出やすいが、木バラやノイバラにも被害が出る。発生の年次変動が大きく、まったく被害の見られない年もある。

■耕種的防除

生育旺盛な株で、害虫の姿や食害痕が見られずに、突然しおれるような新梢は、バラクキバチの被害である。被害茎は回復の見込みがないばかりか、翌年の発生源となるので、すぐに切り取って処分する。

■薬剤による防除

4月下旬、新梢に小さなつぼみが見えはじめるころ、被害の発生に注意し、被害が見られたら、すぐに、スミチオン乳剤、オルトラン水和剤など、殺虫剤を2回ほど散布する。

ハスモンヨトウ、ヨトウガ

バラの葉にところどころ透けたような白い斑紋ができることがある。そんな葉の裏側に小さな幼虫が群がっているのに気がつく。

■被害と診断

被害の状況 5～6月と9～10月ごろ、葉に透けたようなかすり状の斑紋が現われる。葉裏に淡緑色の小さな幼虫が集団となって、表皮を残して葉肉をなめるように食害する。被害を受けた部分は白っぽくなる。

若齢幼虫（1～3齢）は集団で食害しているが、成長して4齢以降になると茶褐色となり、分散して日中は土中に隠れ、ヨトウムシと呼ばれ夜間に活動する。

大きくなった幼虫（終齢幼虫）は食害量が増大し、太い葉脈や葉柄を残して葉を暴食し、つぼみや花弁を食い荒らすこともある。

同様の被害は、ハスモンヨトウ幼虫のほか、ヨトウガの幼虫の食害によっておきることもある。若齢幼虫の時期には、両種とも淡緑色で、葉裏に群がって食害するので区別できない。

診断のポイント 5～6月と9～10月ごろ、葉の白斑や透けたようなかすり状の斑紋に注意する。白斑や斑紋の裏側を調べ、幼虫の集団を確認する。中齢幼虫や終齢幼虫は昼間は株元などに隠れている。

類似被害との見分け方 幼虫による葉の食害はチュウレンジ類によることが多い。しかし、白斑とはならないで、中肋（葉の中央の太い葉脈）を残して葉のふちから食うので、ハスモンヨトウなどとは被害の状況が異なる。

■害虫とその生態

◇ハスモンヨトウ［Common cutworm　学名：*Spodoptera litura*（Fabricius）］
若齢期の幼虫は淡緑色のものが多い。3齢くらいになると頭部のやや後方に

2個の黒紋が目立つようになり、中齢（4齢）以降は褐色または暗褐色になる。終齢（6齢）幼虫は体長約40mmとなり、土中で蛹となる。

蛹は体長18〜20mm、赤褐色の光沢があり、円錐形で尾端に2個の突起がある。

成虫は昼間は葉裏や物陰などにひそんでいて、夜間活動する。寿命は春秋季で12〜14日、夏季は5〜7日である。

卵は葉裏に産みつけられ、200〜600粒の卵塊になっていて、表面は淡褐色の毛に覆われている。卵は夏季で2〜3日、春秋季は4〜6日でふ化する。

日本各地に分布し、広食性で多くの野菜、花卉類を食害する。花卉ではバラのほか、キク、ダリア、キンセンカ、カーネーション、アマリリス、シクラメン、ケイトウ、ハボタン、カラジウムなどに被害が出やすい。

◇ヨトウガ［Cabbage armyworm　学名：*Mamestra brassicae*（Linnaeus）］
若齢幼虫は淡緑色で、成長するにしたがって、淡褐色から暗褐色に変わる。老齢幼虫は、体長40mmになり、土中で蛹となる。

若齢幼虫は葉裏に群がって葉を裏から表皮を残して食べる。ときに、葉やつぼみに穴を開ける。多発すると、葉を食いつくす。成長すると昼は土中にひそみ、夜間に活動して葉や花を食い荒らす。

日本各地に分布し、ハスモンヨトウ同様に、広食性で多くの野菜、花卉類を食害する。

■**耕種的防除**

庭園などでは、白斑を生じ、幼虫が群がっている葉を見つけたら、ただちにその葉を摘除する。葉が食い荒らされていながら、害虫が見えないときは、老齢幼虫のしわざとみられるので、株元にひそんでいる幼虫を捕殺する。

施設では、開口部に網戸や防虫網を取りつけて成虫の飛来を防ぐ。また、施設の支柱や鉄骨にも産卵することがあるので卵塊を見つけたらつぶしてしまう。

ハスモンヨトウやヨトウガは多くの野菜・花卉類や雑草に寄生しているので、周辺の野菜類での防除や除草も重要である。

■薬剤による防除

若齢幼虫は薬剤に弱いが、幼虫の齢がすすむと薬剤に対する抵抗力が強くなるので、白斑を生じている葉の発見につとめ、若齢幼虫期に殺虫剤を散布する。

バラではハスモンヨトウやヨトウガに適用のある農薬が見当たらないが、若齢幼虫に対しては、オルトラン液剤、オルトラン水和剤、スミチオン乳剤、トレボン乳剤など、アブラムシに有効な殺虫剤は効果があるので、アブラムシなどとの同時防除をねらいとして薬剤散布を行なう。

薬剤の効果がみられないときは、薬剤抵抗性が発達していることが考えられる。このような場合には、ノーモルト乳剤などの昆虫成長制御剤（IGR剤）を利用する。

ハスモンヨトウ、ヨトウガ　薬剤の使用法と特性・使用上の注意

商品名	一般名	安全使用基準		倍率	特性と使用上の注意
		時期	回数		
オルトラン液剤／水和剤	〈有機リン系剤〉アセフェート液剤	−	6回以内	250〜500倍 水和剤は1,000倍	● 低毒性の浸透性有機リン系殺虫剤で、根と茎葉の両方から浸透し、残効も長い ● 吸汁性と食害性の広範囲の害虫に効果があり、バラではアブラムシ類とチュウレンジハバチに適用（液剤のみ）がある ● 昆虫の中枢にある、コリン作動性シナプスにおけるアセチルコリンエステラーゼの働きを阻害して殺虫力を示す。魚毒性A
ノーモルト乳剤	〈IGR剤〉テフルベンズロン乳剤	−	−	2,000倍	● 昆虫成長制御剤の一種で、キチン合成を阻害して、鱗翅目や甲虫目の害虫に脱皮阻害作用を示すが、浸透移行性はない ● 果樹、野菜などの鱗翅目害虫に広く使われているが、バラでは未登録である。魚毒性B
アタブロン乳剤	〈IGR剤〉クロルフルアズロン乳剤	−	−	2,000倍	● 昆虫成長制御剤の一種で、キチン合成を阻害し、殺虫活性を示す。殺卵効果はない。浸透移行性もない ● 果樹、野菜などの鱗翅目害虫に広く使われているが、バラでは未登録である。魚毒性B

ハマキムシ類

葉が巻き込んだり、重なったまま離れないことがある。はがしてみると淡緑色の幼虫のしわざとわかる。

■被害と診断
被害の状況　葉が巻き込んで開かなかったり、重なりあった葉が白い糸でつづられて離れない。はがしてみると、内部に淡緑色の幼虫がいて、内部から葉肉を食害しているのが見られる。

食害された部分は白斑となる。ひどい場合は、ほとんどの葉がつづられたり巻き込んだりし、花弁がつづられたり食われたりすることもある。幼虫は葉脈と表皮を残して網目状に食害し、その部分は白斑となる。

老齢幼虫は太い葉脈を残して食害し、葉に穴を開ける。

露地バラでは年により被害が出たり出なかったりするが、施設では被害が大きい。

診断のポイント　葉が巻いたり、重なりあった葉がつづられたりしていれば、たいていハマキムシの被害である。はがして内部に幼虫が食害しているかどうか調べる。ハマキムシの幼虫は淡緑色である。

類似被害との見分け方　ハマキムシには種類が多く、葉をつづるなど、類似の被害が見られるが、幼虫はいずれも淡緑色または淡黄色でよくにているので区別はむずかしい。

■害虫とその生態
◇**チャハマキ**（Oriental tea tortrix　学名：*Homona magnanima* Diakonoff）
雌成虫は前翅長11〜15mm、灰褐色、光沢がある。雄は雌より若干小さい。ベルのような形のガである。卵は葉表に、100卵以上を卵塊として産みつける。

幼虫は1カ所に多数発生する。淡緑色で、頭部は黒褐色で、白い糸を吐いて

葉をつづりあわせ内部から食害する。成熟した幼虫は体長30mm前後、つづった葉の間で蛹化する。

年間3～4回発生をくり返し、幼虫で越冬する。

ひとつの卵塊から多数の幼虫が発生するので、被害は集中的で激しい。幼虫は雑食性で、バラのほか、チャ、カンキツ類、ベゴニア、サザンカ、ツバキ、ツタ、マサキなどに被害が出やすい。

◇チャノコカクモンハマキ（Smaller tea tortrix　学名：*Adoxophyes honmai* Yasuda）

成虫は前翅長7～9mmで、黄褐色に褐色斑のある小型のガである。雌は夜間に活動し葉裏に50～80粒の淡黄色の卵塊を産みつける。

若齢幼虫は淡黄白色であるが、老熟すると黄緑色または緑色となり、体長は20mm内外に達する。幼虫は新芽や若葉をつづったり巻き込んで、内部から食害する。

成虫は4月上旬から出現し、年間4～5回発生するが、施設では発生回数がさらに多く、冬でも繁殖する。露地では幼虫で越冬する。

幼虫は雑食性で、寄主範囲は広く、24科47種の木本植物に及び、バラのほか、キク、インパチェンス、イヌツゲ、サザンカ、ブドウ、ナシ、カンキツ、チャなどの害虫として知られている。

ハマキムシには種類が多く、バラを加害するものには、上記のほかに、バラシロハマキ、スジトビハマキ、トビハマキ、トサカハマキなどが知られている。幼虫による食害状況はいずれも同様で、幼虫もよくにているので区別はむずかしい。

■耕種的防除

被害部分を切除する。施設では、成虫の飛び込みを防ぐため、開口部に網戸や防虫網を取りつける。

■ 薬剤による防除

　ハマキムシ類に登録がある農薬はないが、バラのアブラムシ類やアザミウマ類に登録のある殺虫剤はハマキムシ類にも効果があるので、スミチオン乳剤、スカウトフロアブル、カスケード乳剤などを発生初期に散布する。

ハマキムシ類　薬剤の使用法と特性・使用上の注意

商品名	一般名	安全使用基準		倍率	特性と使用上の注意
		時期	回数		
スミチオン乳剤	〈有機リン系剤〉MEP乳剤	—	6回以内	1,000倍	● 低毒性有機リン殺虫剤で、イネ、果樹、野菜、花卉、庭木などの広範囲の害虫に効果があり、残効性もある。バラではアブラムシ類に適用がある ● 昆虫体内で酸化されて、スミオクソンになり、アセチルコリンエステラーゼの活性を強く阻害して殺虫力を示す。魚毒性はやや強い（B）
スカウトフロアブル	〈合成ピレスロイド系剤〉トラロメトリン水和剤	—	5回以内	2,000～3,000倍	● きわめて低薬量で広い殺虫スペクトルを持ち、神経軸索に直接作用し、強い殺虫作用を現わす。バラではアブラムシ類で登録がある ● 抵抗性害虫の出現を防ぐため、連用をさけ、作用性の異なる殺虫剤とのローテーション散布をする。魚毒性はきわめて強い（C）
カスケード乳剤	〈IGR剤〉フルフェノクスロン乳剤	—	3回以内	1,000倍	● 昆虫成長制御剤で、外骨格を形成するキチン質の生合成が阻害され、幼虫の脱皮は不完全となり死に至る ● ハダニ類やアザミウマ類では、本剤を取り込んだ成虫の産下卵はふ化が抑制される ● 鱗翅目害虫、ハダニ類、アザミウマ類に効果があり、バラではハダニ類とミカンキイロアザミウマに適用がある ● エビ類には強い影響があるので養殖池周辺では注意する。魚毒性B

ケムシ類

庭のバラ園の葉が乱暴に食われていることがある。大きなケムシがいるのを見て、ぎょっとすることになる。

■被害と診断

被害の状況　春バラの開花のピークが過ぎるころ、年により、庭のバラの葉が乱暴に食い荒らされていることがある。被害株の葉は葉脈も含めて食いつくされ、枝によっては丸坊主になってしまうことすらある。

被害株には5～6cmの大型黄褐色の毒々しいケムシが見つかる。このケムシはマイマイガの老熟幼虫である。光沢のある黄褐色で黒斑があり、側面には多数の長い黄褐色の毛がある。通常、バラでの被害は、周辺の樹木で発生した幼虫が成熟して周囲に分散し、その一部がバラに移動したものである。

バラを食害するケムシ類は、マイマイガのほかに、アメリカシロヒトリ、モンシロドクガなど、広食性の毛虫によることもあるが、バラでの被害が問題になることはほとんどない。

診断のポイント　被害が突然出ることがあるので、毎日見回り、食害されていないか注意する。

類似被害との見分け方　葉を食害するケムシ類はマイマイガのほかにも種類が多いが、バラで被害が問題になるものはほとんどない。

■害虫とその生態

◇**マイマイガ**［Gypsy moth　学名：*Lymantria dispar*（Linnaeus）］

成虫は開張約80mm、羽は暗褐色ないし黒褐色の中型のガで、6～7月に出現し、大樹の幹や建物の壁などに100粒以上の卵をかためて産みつける。卵は雌成虫の体毛で覆われている。卵で越冬し、1齢幼虫は4月下旬ごろから発生する。

幼虫は著しい広食性で、森林、街路樹、庭木など種々の樹木の葉を食害する。多発時には樹木の葉が食いつくされ、大きな被害を受けることがある。

　通常、バラの害虫ではないが、幼虫が樹木から移動、分散する途中で、バラの葉を食害するのである。

　ふ化幼虫は糸を吐いてぶら下がる習性があるので、ブランコケムシとも呼ばれる。

■耕種的防除

　バラ園周辺の樹木や庭木での発生に注意し、バラに移動してきたら、見つけしだい捕殺する。

■薬剤による防除

　バラのケムシ類には、アクテリックス乳剤が登録されている。また、バラのアブラムシ類に登録のあるスミチオン乳剤、オルトラン液剤、そのほか多くの殺虫剤はケムシ類にも効果があるので、発生を見つけたときは、これらの薬剤を早めに散布して防除する。

　老熟幼虫は薬剤に強くなり、効果があがりにくくなるので、なるべく早い時期に防除することが大切である。

ケムシ類　薬剤の使用法と特性・使用上の注意

商品名	一般名	安全使用基準		倍率	特性と使用上の注意
		時期	回数		
アクテリックス乳剤	〈有機リン系剤〉ピリミホスメチル乳剤	−	6回以内	500〜1,000倍	● 低毒性有機リン殺虫剤で、接触殺虫作用とくん蒸殺虫作用を兼備し、速効的殺虫力を示す ● コナガ、オンシツコナジラミ、ヨトウガなどに有効で、バラではアブラムシ類、カイガラムシ類、ケムシ類に適用がある ● 不快臭がなく、花弁や葉を汚さないので出荷直前の花に使用できる。魚毒性B
スミチオン乳剤	〈有機リン系剤〉MEP乳剤	−	6回以内	1,000倍	● 低毒性有機リン殺虫剤で、イネ、果樹、野菜、花卉、庭木などの広範囲の害虫に効果があり、残効性もある。バラではアブラムシ類に適用がある ● 昆虫体内で酸化されて、スミオクソンになり、アセチルコリンエステラーゼの活性を強く阻害して殺虫力を示す。魚毒性はやや強い（B）
オルトラン液剤／水和剤	〈有機リン系剤〉アセフェート液剤	−	6回以内	250〜500倍　水和剤は1,000倍	● 低毒性の浸透性有機リン系殺虫剤で、根と茎葉の両方から浸透し、残効も長い ● 吸汁性と食害性の広範囲の害虫に効果があり、バラではアブラムシ類とチュウレンジハバチに適用（液剤のみ）がある ● 昆虫の中枢にある、コリン作動性シナプスにおけるアセチルコリンエステラーゼの働きを阻害して殺虫力を示す。魚毒性A

ゴマダラカミキリ

　生育の旺盛な立派な株のがっしりした大切な枝が、株元から枯れてしまうことがある。地ぎわ部に褐色のオガクズ状のものが噴出している。

■被害と診断
　被害の状況　ゴマダラカミキリは成虫、幼虫（テッポウムシ）のいずれもバラを食害する。被害株の地ぎわ部から排出されているオガクズ状のものは、ゴマダラカミキリ幼虫の糞である。幼虫ははじめ樹皮下を食害しているが、成長するにしたがって木質部に食い入り、根の方向へ食いすすむ。そして、株元の穴から虫糞を排出する。
　食害がさらにすすみ、根まで食われると、枝は株元からつぎつぎに枯れる。ひどいときは株全体が枯れてしまうことがある。
　成虫の飛来は5月下旬ごろから始まり、9月までつづくが、7月ごろに最も多くなる。産卵の盛期は6月下旬から7月下旬ごろまでである。雌成虫は太い枝の地ぎわ部の樹皮下に産卵する。
　成虫は産卵するばかりでなく、バラの当年生の若い枝の樹皮や皮層を環状に食害する。食害痕が枝を取り巻くと、その部分から枯れたり折れたりする。
　診断のポイント　幼虫の被害は、秋口以降株元にオガクズ状の虫糞が排出されているかどうか注意する。成虫の食害被害は6〜7月に見られる。突然若い枝が折れたり枯れたりするときは、ゴマダラカミキリの被害によることが多い。
　類似被害との見分け方　株元から枝枯れがおきる原因には、疫病、腐らん病、白紋羽病など、土壌病害もある。株元にオガクズ状の糞の排出を確認すれば、ゴマダラカミキリ幼虫の被害とわかる。

■害虫とその生態

◇ゴマダラカミキリ（Whitespotted longicorn beetle　学名：*Anoplophora malasiaca* Thomson）

成虫の体長は30～35mmで、光沢のある黒色の羽に白斑がある。雄の触覚は体長の約2倍と長く、雌ではやや短く体長程度である。幼虫は、テッポウムシと呼ばれ、老熟幼虫は体長5～6cmくらいになり、頭部が大きく、乳白色、無脚でやや扁平な円筒形である。

成虫は、6～7月に飛来してきて、株元の樹皮の裂けめや下に産卵する。ふ化した幼虫は、はじめ樹皮の下を食害しているが、成長すると木質部に穴をあけて食い込み、トンネルをつくりながら根に向かって食いすすむ。根まで食害されると、バラの株全体が衰弱して枯死する。幼虫で越冬し、翌年4月ごろ食害部で蛹となり、5月下旬ごろから成虫になって穴から出てくる。

ゴマダラカミキリは寄生する樹種によって、1世代に2年かかるといわれているが、バラでは、幼虫で越冬し、1世代を1年で終わるとされている。

本種は日本各地に分布し、雑食性で、バラのほか、カンキツ類、イチジク、カエデ、ヤナギ、プラタナス、そのほか多くの庭木や果樹を加害する。

■耕種的防除

多くの樹種に寄生するため、近くの樹木に成虫がいないか注意する。成虫を見つけたら、早朝、成虫の動きがまだ鈍いときに捕殺する。高いところにいるときは、枝をゆすって振り落として捕殺する。

バラでは、成虫は産卵のため株元にいることが多い。見つけしだい捕殺する。また、当年生の若い枝に食害したあとや枝折れを見つけたら、成虫が飛来しているにちがいないので、注意深く探し出して捕殺する。

食害され、株元に虫糞が排出している枝は、株元から切り取って焼却する。大半の枝がしおれたり、枯れたりして、回復の見込みのない株は抜き取って焼却する。

■薬剤による防除

　成虫が飛来する時期に、スミチオン乳剤を株元中心に散布すると、産卵防止に効果がある。また、株元に排出されたオガクズ状の虫糞を見つけたら、排出孔からスミチオン乳剤の濃厚液（50～100倍）を注入して幼虫を殺す。薬液の注入には、排出孔に噴霧器の噴孔を押し当てて噴霧するとよい。

ゴマダラカミキリ　薬剤の使用法と特性・使用上の注意

商品名	一般名	安全使用基準		倍率	特性と使用上の注意
		時期	回数		
スミチオン乳剤	〈有機リン系剤〉MEP乳剤	－	6回以内	1,000倍	● 低毒性有機リン殺虫剤で、イネ、果樹、野菜、花卉、庭木などの広範囲の害虫に効果があり、残効性もある。バラではアブラムシ類に適用がある ● 昆虫体内で酸化されて、スミオクソンになり、アセチルコリンエステラーゼの活性を強く阻害して殺虫力を示す。魚毒性はやや強い（B）

コガネムシ類

　せっかく咲いたきれいなバラの花に、何匹ものコガネムシがもぐり込んで花弁を食い荒らしているのを見ると、がっかりするやら情けないやら、憤まんやるかたない。

■被害と診断

　被害の状況　バラの花を加害するコガネムシ類は、マメコガネ、ヒメコガネ、セマダラコガネ、ドウガネブイブイ、そのほかいくつもの種類が知られているが、マメコガネは日本各地に多い。

　マメコガネ、ドウガネブイブイおよびセマダラコガネは、いずれも5月中旬から8月下旬ごろにかけてバラ園に飛来して、花弁、雄しべ、つぼみなどを食害する。また、花の少ない時期には、若い葉に集まり、穴をあけるように食害するので、葉は網の目のようになってしまう。

　発生の盛期は、マメコガネ、ドウガネブイブイ、セマダラコガネは、6月上旬から7月上旬であるが、年により8月上旬に多いこともある。

　診断のポイント　コガネムシの種類は多いが、バラでの被害はいずれも主として開花中の花である。晴天時には見回って、花に加害しているコガネムシがいないか注意する。

　類似被害との見分け方　バラの花の被害はコガネムシのほかにアザミウマによるものも多い。コガネムシは花弁や雄しべなどの食害であるが、アザミウマによる被害は吸汁害で、花弁のしみ状褐変である。

　バラの葉の被害はコガネムシのほかに、ハスモンヨトウやチュウレンジ類の幼虫などいろいろあるが、網目状に食害するのはコガネムシ成虫の独特の食害である。

■害虫とその生態

◇マメコガネ（Japanese beetle　学名：*Popillia japonica* Newman）

成虫は体長10～12mmと小型で、全体が暗緑色である。おもに花弁を食害する。年1回発生し、盛期は6月下旬から7月上旬であるが、8月上旬までつづくことがある。

本種は、日中活動し、雑食性で、花卉、野菜、果樹、樹木の多くの種類に寄生して加害する。バラへの飛来は晴天時の日中に多く、夜間や灯火には飛来しない。成虫は群がって食害する。

雌成虫は7～8月に土中に産卵する。幼虫は植物の根を食べて土中で成長し、翌春蛹になり、成虫に羽化する。

幼虫はバラをはじめ各種の植物の根を食べるが、地上部の生育にどの程度影響しているのかはっきりしない。

本種は日本特産種で、九州以北の各地に分布するが、1991年には北アメリカに侵入し、農作物に大きな被害を与えた。

◇セマダラコガネ（Oriental beetle　学名：*Blitopertha orientalis* Waterhouse）

成虫は体長8～10mmと小型で、淡褐色と黒色のまだら模様である。体色の変異が著しく、黒色や黄色に近い固体も出現することがある。年1回の発生で、幼虫で越冬し、成虫は6月上旬から7月上旬にバラに飛来し、花にもぐり込んで花弁を食べるが、被害は少ない。九州以北の各地に分布する。

◇ドウガネブイブイ［Cupreous chafer　学名：*Anomala cuprea*（Hope）］

成虫は体長20mm内外で大きく、鈍い光沢のある青銅ないし銅色である。幼虫は頭部が黄褐色で、腹部ははじめ乳白色、成熟すると淡黄色になり、長さ31mmに達し、カブトムシの幼虫ににている。

年1回の発生で、幼虫は土中で越冬し、翌春蛹となる。成虫は6～7月に羽化し、8月ごろ産卵する。

成虫は果樹、庭木などの葉を食うが、幼虫は根を食害し、野菜やイモ類、マメ類など畑作物の重要な土壌害虫で被害が大きい。成虫は夜間に活動する。日本特産種で、九州以北の各地に分布する。

バラでは、成虫による花の食害が大きいが、幼虫による根の被害は軽い。

■**耕種的防除**

コガネムシ類は多くの野菜、果樹、花卉、樹木を寄主植物とするので、成虫の飛来に注意する。成虫を見つけたら、すぐに捕殺する。群がって食害しているので、目につきやすい。

施設では開口部に網戸や防虫網を取りつけて飛来を防止する。

■**薬剤による防除**

飛来時期に、スミチオン乳剤を散布する。飛来の多いところでは、5日おきに数回散布するとよい。

コガネムシ類 薬剤の使用法と特性・使用上の注意

商品名	一般名	安全使用基準		倍率	特性と使用上の注意
		時期	回数		
スミチオン乳剤	〈有機リン系剤〉MEP乳剤	−	6回以内	1,000倍	● 低毒性有機リン殺虫剤で、イネ、果樹、野菜、花卉、庭木などの広範囲の害虫に効果があり、残効性もある。バラではアブラムシ類に適用がある ● 昆虫体内で酸化されて、スミオクソンになり、アセチルコリンエステラーゼの活性を強く阻害して殺虫力を示す。魚毒性はやや強い（B）

ハダニは水がきらい

　なにごとも成功にいたるまでには工夫をこらすことが必要である。バラの栽培管理でも病害虫の防除でも、なんの工夫もなく決められたことを習慣的にやっているだけでは、やがて通用しなくなる時期がくるものである。ただし、創意工夫も独りよがりはいただけないのではないか。
　化学農薬を使わないバラつくりとかいう方法に生きがいを見出している人たちもいるようであるが、その効果は本物だろうか。それに、なぜ化学農薬を遠ざけて、困難なバラつくりをしなければならないのか、理解できない。安価で安全な農薬が普及しているこの時代に、それを利用しないのはもったいない話である、と頭の古い私は考えたくなる。
　ところで、私も、農薬にたよらない病害虫の防除法をいろいろと工夫してはいる。その成果は本書の中の防除ごよみにも取り入れている。そのひとつに、ハダニの防除法がある。
　ハダニの防除には、ハダニ専用の殺ダニ剤が使われるのは常識であるが、こまったことに、薬剤散布をくり返していると、薬剤抵抗性のハダニが出現し、3回も散布すると、ほとんど効果がみられなくなってしまうことがある。
　そこで、思いついたのが、強力散水（シリンジ）により、ハダニを寄せつけない方法である。ハダニは水がきらいなのである。葉の裏側から吹き上げるように散水するだけでよい。簡単である。しかも、効果は抜群である。この方法を夏の間くり返していると、やがて、ハダニが見当たらなくなってしまう。ハダニでおこまりのときは、ぜひお試しいただきたい。
　ただし、ひとつだけ、注意したい点があることを忘れないでほしい。この方法は、黒星病が下火になっている夏の間は安心して実施できるが、9～10月の黒星病の多発時期には、うっかり葉に水をかけると、黒星病の発生を助長しかねない。しいて実施するときは、晴天続きの午前中にかぎることが必要である。
　どのようなよい方法にも、たいていはなんらかの条件があるものである。条件を無視して結果の成否を論じても意味がない。しかし、世の中には、故意に条件を無視し、あるいはねじ曲げて、自分に都合のよいように論じてはばからない人たちがいることは、なんともなげかわしいことである。

防除と農薬利用の基礎

　これまでに、病気と害虫の防除法をくわしく述べてきた。わかりやすく述べたつもりであるが、防除や農薬についての基礎知識がある程度前提になっていたきらいがあるので、わかりにくい点があったかもしれない。そこで、この章では、蛇足を承知で、防除と農薬に関する基礎を、復習かたがた述べてみたい。

　なお、病気や害虫のわかりにくい特殊な語については、別掲した「用語解説」をごらんください。

1　防除の考え方

　病害虫の防除は、農薬を散布すればよい、というような単純なものではないし、そうかといって、何がなんでも農薬を使うのはごめん、と意固地になってもうまくいかない。

　病気や害虫が発生するには、第一に、伝染源や発生源があって、第二に、そこにひそんでいる病原菌や害虫が増殖・繁殖するに適した環境に恵まれるということである。第三に、植物（ここではバラ）が病気や害虫におかされやすい弱い性質を持っているということである。これら三つの条件がそろって、はじめて病害虫が発生するのである。

　上手な防除のコツは、これら三つの条件がそろうことのないように、工夫することになる。

（1）まずは発生させない環境づくり

　病気が発生しやすい環境はよく知られている。例えば、黒星病では、梅雨期

や秋雨期の長雨は発生の好適条件である。したがって、雨に当てなければ、黒星病は発生しない、ということになる。実際、ビニールハウスや温室のバラでは、黒星病はほとんど見られない。しかし、ハウス・温室では、うどんこ病やハダニは露地よりも多発生するのである。発生させない環境づくりは、病害虫の種類ごとに異なるので、実際問題としては、簡単ではないことがわかるであろう。

バラを植えて美しい花を楽しむには、特定の病気や害虫だけでなく、総合的にバラの生育が良好で、しかも病害虫の発生しにくい環境をつくることが重要である。

①日当たりのよい場所（少なくとも半日以上日が当たる）に、②適切な間隔で植える。これが基本である。さらに、③水はけがよく、④風通しもよいことが望ましい。このような条件が整わない場所では、苦労が多く、成果は少ないことを覚悟しなければならないだろう。

（2）大切な的確な診断と初期の防除

理想的な環境づくりができれば、バラつくりとその防除は成功の第一歩を踏み出したことになる。しかし、あくまでも第一歩であるから、これだけで安心してはいけない。

理想的な環境といっても、天候をコントロールすることはできないから、長雨にでもあえば、たちまち悪環境に転落してしまう。日本では、日当たりのよい場所といえども、梅雨期には日当たりも水はけも不良となってしまう。環境だけにたよっていては病害虫は防ぎきれないのである。

ひとたび病害虫が発生すれば、もはや発生させない環境は破綻したことになるばかりか、伝染源や発生源を抱え込んだことになるから、早急に次の手を打たないかぎり、事態は悪化していくことは明らかである。大切なことは、伝染源や発生源をすばやく見つけだし、これを除去することである。これは、知識と観察眼と熟練がものをいうから、だれでも同じようにできるとはかぎらない。達人と並の人のちがいがでるところである。日ごろの修練と鍛錬がいかに大切かを痛感することになる。

具体的には、病気や害虫を、初期のうちに発見し、その種類を的確に見きわめることである。防除で大切なことは、発生の初期に適切な方法をすばやく実行することである。いかにすぐれた防除法でも、手おくれになってしまっては後の祭りである。早ければ早いほどよい。特に病気の場合は、初期防除は突きつめれば、発生直前の防除、すなわち、適期の予防である。黒星病など、発生時期が予測できる病気に対しては、まさに適期の予防が最善の防除法である。
　アブラムシやハダニやアザミウマ（スリップス）などの害虫は、早期発見につづく初期防除で十分の成果が得られる。
　防除法とは、大きく分けると、農薬を利用する薬剤防除法と農薬を利用しない耕種的防除法の二つがあり、通常は、その両方を臨機に組み合わせて使い分けることになる。具体的な方法はのちにくわしく述べることにする。

(3) 多発してもくじける必要はない

　初期防除が大切とわかっていても、なんらかの手ちがいで多発してしまうことがあるものだ。そのときはどうするか。初期防除をのがしてしまったのだから、最善の防除はもはや望めないだろうが、打つ手がない、というわけでもない。次善の策は必ずあるものだ。
　ここでも発生を助長する三つの条件を思い出すことは無駄ではない。第一の条件は伝染源や発生源が存在することであった。多発したのだから、伝染源や発生源は相当なものになっているにちがいない。放置しておけば、さらに増殖・繁殖をくり返し、膨大なものとなることは明らかである。防除の要点のひとつは伝染源や発生源をすみやかに除去することである。その方法は、それほどむずかしいことではない。例えば、農薬を再三、再四散布することも考えられるではないか。しかし、これはあまり上等な方法とはいえない。多発しているところに農薬を散布しても、よい結果は得られないものである。
　バラの場合は、簡単にせん定できるのであるから、黒星病やキャンカーなどの病葉・病枝など、あるいはゴマダラカミキリ、バラクキバチ、ハダニ、アザミウマなど害虫の寄生している発生源を切り取ってしまえばよい。
　春バラの防除に失敗したとしても、夏のせん定をすませれば、あらかた伝染

源や発生源は除去されるので、一から出直して、秋バラに対することができる。秋バラで再び多発生したとしても、冬の間に強せん定と石灰硫黄合剤の散布により、伝染源を根絶することは可能である。バラつくりでは、一度や二度の多発でくじけることはないのである。

(4) 農薬にたよらない防除法とは

病気がでる。害虫がでる。そのたびに、農薬は、くすりは、とあたふたする人がいるものである。さまざまな農薬を散布しながら、それほど効果があがっているようにもみえない。こういう防除法は、農薬にたよりきっている防除、言いかえれば、薬漬け防除である。ほめられたことではない。

しかし、農薬にたよらない防除といっても、農薬をまったく使用しない、すなわち、無農薬防除とは少々異なるのである。農薬にたよらない防除の真のねらいは、すでに述べたように、①発生させないための環境づくり、②的確な診断と初期防除の徹底、③伝染源や発生源の除去などを、必要に応じて組み合わせ、総合的に防除法を立てることである。その防除法のなかには、農薬を使わない、栽培管理の一環としての耕種的防除と、必要最小限の薬剤防除が含まれるが、結果として、防除効果が最大限に高められる反面、農薬の使用は必要最小限におさえられることになる。

2 いろいろな耕種的防除法

薬剤防除法に対し、農薬を使用しない防除法を一括して耕種的防除法と呼ぶことにする。厳密にいえば、害虫の捕殺や病枝の切り取りなどは物理的防除法と呼ぶこともあるが、栽培管理の一環として、農薬使用以外の防除法ということから、単純化して、耕種的防除法と呼ぶわけである。

(1) 病害の耕種的防除法

●抵抗性品種の利用

耕種的防除法のなかで、最も重要なものは抵抗性品種を育成し、これを利用する方法である。イネ、ムギをはじめ、トマト、ピーマンなど多くの野菜のなかには、病気や線虫に対するすぐれた抵抗性品種が育成され、普及している。

しかし、バラとなると、抵抗性品種は多いとはいえない。たしかに、カタログなどを見ると、病気に強いとされているものもないではないが、抵抗性品種と呼ぶに値するほどの信頼性も実績もあるとは思われない。したがって、バラの品種を選ぶときは、今のところ、抵抗性品種はさして重要ではない。

ただし、私の調査・研究の範囲内では、ピンク系の美花、ピンクパンサーは明らかに黒星病とうどんこ病に抵抗性があるうえ、きわめて生育旺盛で強健であった。

●せん定と摘葉

病気の伝染源を除去することは耕種的防除の基本である。黒星病やさび病や灰色かび病などは病斑上に無数の分生子（かびの胞子）を生じ、これが伝染源となって、急速に病気をまん延させている。したがって、病気を早期に発見するとともに、病葉、病枝、病花などを切除することは、伝染源を除去するための単純で、最も直接的な方法である。

冬季のせん定では、キャンカーなどの病気におかされた枝はもちろん、黒星病やうどんこ病などの越冬場所となっているおそれのある未熟枝や弱小枝も切除する。

害虫でも、チュウレンジハバチやバラクキバチは若枝の中に産卵するので、その被害枝は卵がふ化する前に切り取ってしまえばよい。

●土壌管理

地下水位が高いところや土壌粒子が細かいため排水不良となるところでは、根の発達が不良となり、生育は抑制される。その結果、病害虫に対する抵抗力が低下し、疫病や根頭がんしゅ病など、根や地ぎわ部に感染する病気が発生しやすくなる。

バラが健全に育つためには、保水性と排水性を兼ね備えている団粒構造の土壌が望ましい。花壇など、バラを植える場所はできるだけ深く耕起し、多量の堆肥や乾燥牛糞などの有機物を施用して、土壌の団粒化を促進するとともに、土壌中の微生物相を豊かにすることが重要である。

耕起不十分で耕土が浅いうえ有機物が不足している土壌では、根群の発達が貧弱となり、抵抗力の弱い病弱なバラとなってしまう。栽培の基本は土つくりにあるといわれるゆえんである。

● 牛糞マルチ

バラの株元に牛糞を厚めに敷き詰めてマルチすると、土壌の保水性を高めるとともに土壌中の生物相を豊かにし、土壌の団粒構造を促進する。その結果、根群の発達は促進され、株の生育は旺盛となり、病害虫に対する抵抗力が高まるとともに、降雨の際、土壌表面からの病原菌を含んだ土砂の跳ね返りを防ぐことができる。有機物の補給になることはいうまでもないが、牛糞マルチは、病害虫対策にとどまらず、バラつくりに有益である。

● 栽培の工夫

立地条件がバラの花壇には向いていないようなところでも、鉢やプランターを利用して、日当たりのよい場所を求めて（例えばベランダや屋上など）バラつくりを楽しむことができる。

鉢やプランターに植える場合にも、排水と保水は重要である。根群の豊かな発達を促進し、力強い株に育てるためには、なるべく大きく深い鉢（8号以上）やプランター、魚屋などにある深めの発泡スチロールの箱などが望ましい。

雨がつづくときなど、黒星病の感染を回避するために、軒下などに避難させることができるのも、鉢植えの便利なところである。

● 接ぎ木

スイカ、キュウリ、ナス、トマトなどの苗は、病害虫に抵抗性のある台木に接ぎ木をすることによって、土壌病害の感染を回避している。バラは、繁殖の方法として、ノバラを台木として接ぎ木をしている。挿し木でも繁殖できないことはないが、台木のノバラは疫病などの土壌病害に抵抗性があるから、たしかに、耕種的防除法として有益である。しかし、バラの接ぎ木は病害対策より

も、むしろ、繁殖の能率と確実性にあることはいうまでもないであろう。

(2) 害虫の耕種的防除法

●捕　殺

虫を見つけたら捕らえて殺す。きわめて原始的で単純な方法であるが、確実な方法でもある。私は、日本有数のすぐれたストックの育種家が、何千株という膨大な数の採種用ストックの葉裏に寄生しているコナガの幼虫を完璧に捕殺してしまったのを知っている。それにくらべれば、何株か何十株かのバラの株を加害する害虫を捕殺するなど、なんでもないことではないか。

バラを加害する害虫は、大きいものではゴマダラカミキリやコガネムシの成虫、小さいものではアブラムシやヨトウガ、チュウレンジハバチなどの若齢幼虫、そのほかいろいろあって種類が多いが、たいていは、捕殺によって確実に防除できる。農薬を使わない方法なので、ぜひとも実行されることをおすすめしたい。

ただし、クロケシツブチョッキリやゴマダラカミキリなど、うかうかしていると、逃げられてしまうので、捕殺にも熟練を要する場合がある。

群生しているチュウレンジハバチやヨトウガなどの若齢幼虫は、葉とともに切り取ってしまえば簡単である。

●粘着テープ

アザミウマ類（スリップス）は青色の粘着テープ（青竜）に飛来、誘殺される。施設栽培では、ハウスや温室内に吊り下げておくと、誘殺することができるばかりでなく、その誘殺数から、発生の多少を知ることができるので、防除対策を立てたり薬剤散布の適期を決定するうえで役立つ。

●ネット利用

施設では、アザミウマ、有翅アブラムシ、チュウレンジハバチなどの飛来を阻止するために、出入り口や側窓などの開口部にネットを張る。

●散　水

ハダニ対策として、施設では葉裏に水を吹きつけるシリンジが行なわれる。ハダニは水をきらうので、生息密度の低下に有効である。露地でも、ハダニの

発生を見つけたときは、葉裏に散水してハダニを吹き飛ばすとともに、寄生を阻害する。この方法は、薬剤抵抗性のついた頑固なハダニの防除にも効果がある。

ただし、湿気は黒星病を助長するおそれがあるので、露地バラでは、散水は晴天の午前中にかぎるように配慮することが必要である。

3 農薬利用の基礎

農薬をけぎらいしている人は少なくない。しかし、農薬のよい点もわるい点も知ったうえで判断したいものである。また、農薬の使い方をまちがえないためにも、基礎知識は必要である。

(1) 農薬のタイプと効き方

昔は、殺菌剤といえばボルドー液、殺虫剤といえば除虫菊、ニコチン、マシン油など、種類がかぎられていたので、その選択に迷うことはなかった。

現在は、農薬として登録されている殺菌剤も殺虫剤も、種類がたいへん多く、しかも、毎年新しいものが開発される一方で、登録が失効して消えていくものも多く、その変遷はめまぐるしい。

農薬は種類ごとに、登録にもとづいて、対象の作物や病害虫が限定されている。使用するときは、その安全使用基準による使用法や、その農薬の性質を熟知していなければならない。しかし、実際問題として、農薬の種類が膨大なものになっていることから、農薬の全体を把握するのは容易なことではない。バラの病気や害虫にかぎっても、どの農薬を使ったらよいのか迷うことになる。

農薬は、その使用目的、効果などにより、殺虫剤、殺菌剤、除草剤などに大別され、さらに、それぞれを成分とその性質や効果などにより、いくつかのタイプに区分されている。

バラの病害虫に使われる農薬を中心にして、主要なものを、特性、有効病害虫とともに、以下に表示するので、農薬の全体像を把握していただきたい。な

殺菌剤

農薬のタイプ	特性・作用機作	製剤	対象病害(バラ)
銅殺菌剤	保護効果、殺菌作用	サンヨール、ヨネポン	うどんこ病
無機殺菌剤	治療効果、殺菌作用	石灰硫黄合剤、ハーモメイト	黒星病、うどんこ病
有機硫黄殺菌剤	保護効果、菌類の呼吸阻害	ダイセン、ジマンダイセン、マンネブダイセン、ビスダイセン、サニパー、ダイセンステンレス	黒星病、べと病、灰色かび病、斑点病
有機塩素殺菌剤	広範な保護効果	ダコニール1000	黒星病
ベンゾイミダゾール系剤	保護効果、治療効果、耐性菌を生じやすい	トップジンM、ベンレート	黒星病
ジカルボキシイミド系剤	予防効果、耐性菌を生じやすい	ロブラール	灰色かび病
ステロール生合成阻害剤	予防・治療効果、耐性菌を生じやすい	サプロール、マネージ、ラリー、ポジグロール、トリフミン	黒星病、うどんこ病
アニリノピリミジン系剤	予防効果、侵入阻害	フルピカ	黒星病、うどんこ病
抗生物質殺菌剤	治療効果、蛋白合成阻害、浸透移行性	ミラネシン	うどんこ病
酸アミド系殺菌剤	予防・治療効果、浸透移行性	リドミル	疫病
生物由来殺菌剤	予防効果、根頭がんしゅ病菌の生育阻害	バクテローズ	根頭がんしゅ病
土壌殺菌剤	殺菌・殺虫・殺線虫効果	バスアミド、ガスタード、クロールピクリン	白紋羽病、疫病、線虫類

お、個々の農薬の特性や使用法、使用上の注意などの詳細は、本文の該当する病害虫ごとに、農薬表として掲載した。

(2) 剤型のタイプと特徴、使い方の注意

　農薬は成分の性質や水に対する溶解性、あるいは、使用する場所(施設、畑、水田など)などに応じて、さまざまなタイプのもの(剤型)がつくられている。これらは、通常、固形剤(粉剤、粒剤、水和剤、水溶剤など)と液剤(フロア

殺虫剤

農薬のタイプ	特性・作用機作	製剤	対象害虫（バラ）
有機リン系殺虫剤	低毒性殺虫剤、接触毒、コリンエステラーゼ阻害、抵抗性がつきやすい	スミチオン、サイアノックス、オルトラン、アクテリックス	アブラムシ、チュウレンジハバチ、クロケシツブチョッキリ、ヨトウガ、ハマキムシ、ケムシ類
カーバメート系殺虫剤	接触毒、コリンエステラーゼ阻害、有機リン剤抵抗性害虫にも効く	デナポン	アブラムシ、ハマキムシ、チュウレンジハバチ、カイガラムシ
ピレスロイド系殺虫剤	接触毒、神経伝導阻害、速効効果、抵抗性がつきやすい	スカウト、マブリック、テルスター、ロディー、アディオン	アブラムシ、アザミウマ、チュウレンジハバチ、ヨトウガ、ハマキムシ、ケムシ類
ネオニコチノイド（クロロニコチニル）系殺虫剤	接触毒、経口毒、神経麻痺	アドマイヤー、モスピラン、ベストガード	アブラムシ、アザミウマ、ヨトウガ、ハマキムシ、ケムシ類
昆虫成長制御剤（IGR剤）	脱皮阻害、キチン質生合成阻害	カスケード、ノーモルト、アタブロン	ヨトウガ、ハダニ、アザミウマ
天然殺虫剤	接触、窒息死	マシン油	カイガラムシ
殺ダニ剤	接触毒、きわめて抵抗性がつきやすい	オサダン、ダニカット、ダニトロン、コロマイト	ハダニ
殺線虫剤	土壌くん蒸効果、殺虫、殺線虫効果	D-D、バスアミド、ガスタード	ネコブセンチュウ、ネグサレセンチュウ

ブル剤、乳剤、液剤、油剤など）がある。このほか、特殊な剤型のものとして、エアゾール剤、ペースト剤、くん煙剤、くん蒸剤などがある。

バラで使われる農薬の剤型は次のとおりである。

●水和剤

乳剤とともに最も普通の剤型である。そのままでは水に溶けない主成分を、できるだけ細かい粉末とし、これに微粉の増量剤や界面活性剤などを加えた粉末状の製剤である。水を加えてかき混ぜ、均一な懸濁液として、噴霧器で散布する。展着剤（グラミンS、新グラミンなど）を加えると付着性が高まり、効果も高まる。ダイセン水和剤、オルトラン水和剤、オサダン水和剤などがある。

殺虫・殺菌混合剤

農薬のタイプ	特性・作用機作	製　剤	対象害虫（バラ）
有機リン殺虫剤＋ステロール生合成阻害殺菌剤	殺虫・殺菌効果	オルトランＣ（エアゾール）	アブラムシ、チュウレンジハバチ、黒星病、うどんこ病
有機リン殺虫剤＋有機塩素系殺菌剤	殺虫・殺菌効果	カダンＤ（エアゾール）	アブラムシ、チュウレンジハバチ、黒星病、うどんこ病
合成ピレスロイド系殺虫剤＋ステロール生合成阻害殺菌剤	殺虫・殺菌効果	アタックワンAL（スプレー付原液剤）、花セラピー（スプレー付原液剤）園芸用キンチョールＳ（エアゾール）、ベニカＸ（エアゾール）、ベニカＸスプレー（スプレー付原液剤）	アブラムシ、チュウレンジハバチ、黒星病、うどんこ病
合成ピレスロイド系殺虫剤＋有機塩素系殺菌剤	殺虫・殺菌効果	カダンＰ（エアゾール）	アブラムシ、チュウレンジハバチ、黒星病、うどんこ病

●フロアブル剤

　主成分は水和剤と同様に水に溶けないので、これをいっそう細かい微粒子にして、製剤化したものである。水を加えてかき混ぜ、噴霧器で散布する。本来は水和剤で、乳剤ではないが、通常の水和剤よりも均一に混ぜることができ、効果もすぐれる。ダコニール1000、アドマイヤーフロアブルなどがある。

●乳　剤

　水に溶けない主成分を有機溶剤に溶かし、これに乳化剤、補助剤などを加えたもので、液状の製剤である。水を加えてかき混ぜれば均一な液を容易につくることができ、噴霧器で散布する。展着剤は必要ないが、高濃度では薬害が出やすいので注意する。スミチオン乳剤、マシン油乳剤などがある。

●水溶剤

　水に溶ける主成分を、水溶性の増量剤や補助剤と混合した粉末状の製剤である。水を加えてかき混ぜ、均一な水溶液として噴霧器で散布する。ハーモメイト水溶剤、モスピラン水溶剤などがある。

●粒　剤

浸透移行性の主成分を粒状にした製剤で、そのまま、株元に少量施用し、発生初期のアブラムシ、アザミウマを防除する。主成分が根から吸収されて茎葉部に移行した後に効果が現われるので、多発してからの施用では、効果があがりにくい。オルトラン粒剤、ベストガード粒剤などがある。

●エアゾール剤

有効成分を液化ガスに溶解して耐圧容器に圧縮充てんした製剤で、そのままスプレーし、アブラムシやうどんこ病を防除する。小規模の家庭園芸に使われる。扱いは簡単であるが、過度にスプレーするなど不適切な使い方をすると、薬害がでやすいので注意する。カダンD、カダンPなどがある。

●スプレーつき原液剤

噴霧装置のついた容器に、水に溶かした薬液を入れた製剤で、希釈することなく、そのまま散布して、アブラムシやうどんこ病などを防除できるので簡便である。薬剤を量ったり、器具を洗ったりなど、準備の手間を省くことができるので、手を汚すこともない。

原液剤といっても、もともと十分に希釈されている液剤なので、薬害の心配もなく安心である。花にも薬害や薬斑が出ないので、花に寄生しているアブラムシやアザミウマにひと吹きして、ノックダウン効果（速効的効果）を期待できるなどの利点が人気の高い理由と思われる。

園芸ブームを反映して、最近、いろいろな製品が売り出されている。少数の鉢物などに使うのはよいが、薬液の量も薬剤の種類もかぎられているので、花壇やバラ園などの本格的な防除には力不足である。アタックワンAL、ベニカXスプレーなどがある。

●油　剤

水に溶けない主成分を有機溶剤に溶かした製剤で、そのまま土壌に注入し、土壌線虫の防除に使う。D-D油剤などがある。

●くん蒸剤

常温で気化する有効成分を錠剤とした製剤や、土壌に触れると有効成分が気化する微粒剤がある。いずれも土壌に施用し、ポリエチレンやビニールで被覆

し、くん蒸効果により、土壌病原菌や土壌線虫を防除する。クロルピクリン錠剤、バスアミド微粒剤などがある。

(3) 農薬の薄め方と混合の方法

エアゾール剤やスプレーつき原液剤などは別として、農薬は使うときに、定められた希釈倍数に薄めて使う。また、場合によっては、2種類、3種類の農薬を混合して使うこともある。

希釈表 (水1ℓ当たり)

希釈倍数 倍	薬剤量 g (mℓ)
10	100
50	20
100	10
200	5
400	2.5
500	2
800	1.25
1,000	1
2,000	0.5
3,000	0.33
4,000	0.25

●農薬の薄め方

乳剤などの液剤は、所定量をメスシリンダやピペットなどで量り、バケツなどの容器に入れて、水を加えてかき混ぜればよいので簡単である。しかし、水和剤などの粉状の製剤は、いきなり大量の水に入れたり、大量の水を加えたりすると、均一に薄められないことがあるので、所定量の薬剤に、まず少量の水を加えて、練るように混ぜ合わせ、その後、水を徐々に加えながらかき混ぜ、最後に所定量の希釈液とする。

希釈倍数と薬剤量の計算はむずかしいことではないが、念のため、表に示す。少量の薬剤を正確に量る小型の秤やメスシリンダ、ピペットなどは、園芸店や農薬取扱店に置いてあるので、用意しておくと便利である。ただし、ガラスは割れやすいので、メスシリンダなどはプラスチック製が安全である。

なお、薬量のおおよその見当ならば、薬ビンのキャップを利用することもできる。また、水和剤などは、茶さじを利用し、すりきりで2g、山盛りで4〜5gがおよその見当である。

●薬剤の混合法

病気と害虫を同時に防除する必要はよくある。殺菌剤と殺虫剤を混用して散布すれば、1回ですむから手間も省ける。ただし、薬剤を混合するときには、若干の注意が必要である。

はじめに、薬剤の種類によっては、混合できないものがあることを知っておく。一般にボルドー液や石灰硫黄合剤などとは混用がむずかしい。ラベルの注

防除と農薬利用の基礎

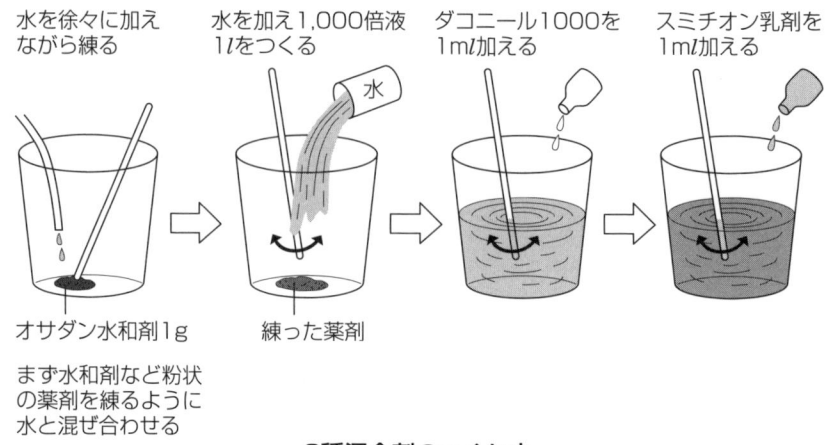

3種混合剤のつくり方
（オサダン水和剤＋ダコニール1000＋スミチオン乳剤各1,000倍液1lをつくる場合）

図中ラベル：
- 水を徐々に加えながら練る
- 水を加え1,000倍液1lをつくる
- ダコニール1000を1ml加える
- スミチオン乳剤を1ml加える
- オサダン水和剤1g
- 練った薬剤
- まず水和剤など粉状の薬剤を練るように水と混ぜ合わせる

意事項で混用の適否を確認しておくとよい。
　次に、農薬の混合液は変質しやすいので、使用直前に混合し、使用後の残液は保存せずに、畑や花壇の隅などに流して処分する。川や池などに流してはいけない。
　混合するには、若干の注意と正しい順序が必要である。
　一般に、水に溶けにくい水和剤などを先に溶かし、その後に、溶けやすい乳剤や水溶剤を加えてかき混ぜる。
　混合液のできあがりの濃度をまちがえないようにすることも大切である。例えば、ダコニール1000、スミチオン乳剤、オサダン水和剤の3種類の農薬を混合して1lの薬液をつくる場合について考える。これらの農薬の通常の希釈倍数はどれも1,000倍であるから、水1l当たりの薬量はどれも1gまたは1mlである。はじめにオサダン水和剤の1,000倍液を1lつくる。そのつくり方は、前記の農薬の薄め方の項目による。あとは、この薬液にダコニール1000を1ml加えてかき混ぜ、さらに、スミチオン乳剤1mlを加えてかき混ぜる。これで、3種類の1,000倍液の混合液ができあがったのである。

3種類の1,000倍液の混合だからといって、別々に3種類の1,000倍液をそれぞれ1ℓつくっておき、これを混ぜ合わせて、合計3ℓとするようなまちがいをしないように注意していただきたい。

(4) 耐性菌・抵抗性害虫と薬剤のローテーション

同一の薬剤をくり返し散布していると、やがて薬剤が効かなくなることがある。病気では薬剤耐性菌、害虫では薬剤抵抗性害虫の出現である。

バラで問題になっている耐性菌はうどんこ病である。また、抵抗性害虫はアブラムシ、アザミウマ、ハダニなどである。同一薬剤あるいは同一系統薬剤の連続散布が、これらの問題の原因であることはよく知られている。ただし、薬剤の種類やタイプにより、耐性菌や抵抗性害虫を誘起しやすいものとそうでないものがある。

うどんこ病に対して、ステロール生合成阻害剤（サプロール乳剤、トリフミン水和剤／乳剤、アンビルフロアブル、マネージ乳剤、ラリー乳剤など。EBI剤ともいう）は、特に耐性菌を誘起しやすいから、これらは連続使用をさけなければならない。

害虫では、アブラムシやアザミウマに対して、合成ピレスロイド系剤は抵抗性を誘起しやすい。また、ハダニに対しては、ほとんどの殺ダニ剤は、安全使用基準で使用回数が1〜2回以内に制限されているほど、抵抗性の発達は急激である。

耐性菌や抵抗性害虫の対策として、種類・系統の異なる数種類の薬剤をあらかじめ用意し、それらのローテーション（輪番）散布が推奨されている。

バラでは、うどんこ病の多発生のときは、治療効果のあるサプロール乳剤やトリフミン乳剤などのステロール生合成阻害剤が高い効果を示すが、これらは耐性菌を生じやすいから、これと、そのほかの薬剤（ダコニール1000、ハーモメイト水溶剤、フルピカフロアブル、ピリカット乳剤、ミラネシン水溶剤など）のうち、2〜3剤を用意して、ローテーション使用することが重要である。

アブラムシやアザミウマに対しては、有機リン系剤（スミチオン乳剤、オルトラン水和剤／液剤など）や合成ピレスロイド系剤（スカウトフロアブル、マ

〈うどんこ病の例〉

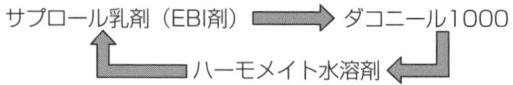

サプロール乳剤（EBI剤）　⟹　ダコニール1000
　　　　　⇑　　　　　　　　　　　⇓
　　　　　　⇐　ハーモメイト水溶剤　

〈アブラムシ，アザミウマの例〉
有機リン系剤、合成ピレスロイド系剤が効かないとき

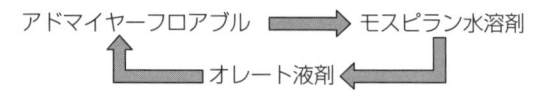

アドマイヤーフロアブル　⟹　モスピラン水溶剤
　　　　　⇑　　　　　　　　　　　⇓
　　　　　　⇐　オレート液剤　

〈ハダニの例〉

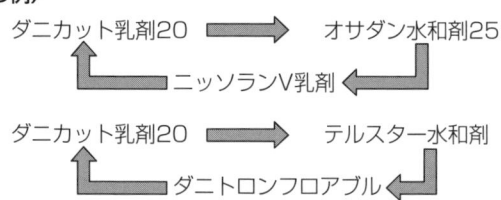

ダニカット乳剤20　⟹　オサダン水和剤25
　　　⇑　　　　　　　　　⇓
　　　　⇐　ニッソランV乳剤　

ダニカット乳剤20　⟹　テルスター水和剤
　　　⇑　　　　　　　　　⇓
　　　　⇐　ダニトロンフロアブル　

ローテーション散布の例

ブリック水和剤20など）はすでに抵抗性が発達し、効果が低下しているかもしれない。したがって、これらの連用をさけて、アドマイヤーフロアブル、モスピラン水溶剤、オレート液剤などをローテーション散布することが望ましい。

　ハダニはさらに抵抗性の発達が急激であるから、殺ダニ剤を使用する場合には、十分に注意しなければならない。系統の異なる殺ダニ剤（ダニカット乳剤20、オサダン水和剤25、ニッソランV乳剤、テルスター水和剤、ダニトロンフロアブル、コロマイト水和剤など）のうち、数種を用意してローテーション散布することが大切である。

　耐性菌や抵抗性害虫対策として、ローテーション散布は重要であるが、さらに重要なことは、農薬にたよりきるのではなく、病気や害虫を発生させない環境づくりなどの耕種的防除を活用して、薬剤防除と組み合わせる総合防除をすすめたいものである。

(5) 防除に必要な器具

　近年、家庭園芸が盛んになるにつれて、噴霧器がなくても、誰でも病害虫を防除できるようにとのねらいから、種々のエアゾール剤やスプレーつきの原液剤が開発されてきた。しかし、正直にいって、一時的な害虫の駆除ならいざ知らず、病気の防除までできるのだろうかと、少々心配になってくる。少なくとも、バラでは、たとえ1～2鉢といえども、来年も再来年も花を咲かせようと思うならば、噴霧器を用意して適切な防除をやってほしいものである。

　噴霧器にも大小いろいろあるが、鉢植えのバラが1～2鉢程度であれば、ハンドスプレーやひしゃく型でもよいだろう。しかし、地植えのバラの場合には、小型でもよいから、肩かけ式の噴霧器をおすすめしたい。10株以上のバラがある愛好家では、噴霧器も6～7ℓ程度の大きめの容量のものが、薬液の噴霧量も多く使いやすい。

　バラの病害虫防除では、葉裏へ薬液を噴霧することが重要であるが、ハンドスプレーやひしゃく型噴霧器では、下から上へ向けての散布がやりにくい。長いノズルのついた肩かけ噴霧器は、花壇などで、低い位置からでも、下から上へ向けて葉裏に散布するのに適している。

　噴霧器の加圧様式には、肩かけ噴霧器などの半自動式と背負い噴霧器の全自動式がある。一概に、どちらがよいともいえないが、故障の少ない点を考慮して、私は肩かけ式半自動噴霧器を使っている。

(6) 農薬の保管方法

　農薬は光や空気に触れると変質し、分解しやすい化合物である。温度と湿度が高い場合には、この反応はいっそう促進される。したがって、農薬は乾燥した冷暗所に保管するのが最善である。

　使いかけの農薬は、乳剤などでは、しっかりとビンの栓をして、こぼれないようにしておくのはいうまでもないが、水和剤など袋入りのものは、しっかり閉じて、さらに、ポリ袋などに入れて二重に封じ、湿気や空気に触れないように注意する。子供などの手に触れないよう、鍵のかかる専用の物置などがある

と安全である。

なお、水に溶かした使い残しの薬液は分解が早い。後日の使用はできないから、畑や花壇の隅に流して処分する。川や池に流してはいけない。

4 農薬散布の注意点

農薬の散布にも巧拙があり、不適切な散布をすると、作業者のみならず周囲に対しても、思わぬトラブルをおこしたりすることがあるので、慎重にしなければならない。農薬散布に際しては、対象植物、作業者自身、そして、周囲の人やものに対して、十分な配慮が必要である。

(1) 散布時間

農薬は、高温時に散布すると薬害が出やすい。夏を中心とした高温期には、日中はさけて、朝・夕の涼しいときに散布するのが安全である。薬剤の効果を確実にするには、散布した農薬が乾いて、植物体の表面に固着することが必要である。午前中に散布すれば、乾きが速いが、夕方の散布では乾きにくい。したがって、夕方よりも朝のうちに散布するほうが効果的である。

なお、散布した農薬が乾いて、植物体に固着すれば、少々の雨が降っても流されないが、乾かないうちに降雨があると、流失してしまうので、散布効果は大幅に減退してしまう。したがって、天候の回復を待って再散布が必要である。

(2) 上手な散布方法

薬剤散布の目的は、病気の場合は、感染を予防し、発病をおさえることである。害虫の場合は、すでに寄生・加害している害虫を駆除することである。

病気の場合は、感染の予想される部位（葉の表面、裏面など）にかけむらのないように均一に散布し、農薬をまんべんなく付着させておくことが大切である。特に、葉の裏側からも感染する黒星病やべと病などの病気については、噴口を上に向けて、下から吹き上げるようにして、葉の表面にも裏面にもていね

いに散布しなければならない。

　害虫の場合は、できるだけ害虫そのものに散布するねらいから、新梢、つぼみ、葉裏など害虫の寄生している部分を重点的に散布することが大切である。

　農薬は効果があがるように散布することが必要であるが、同時に、作業者自身はもちろん、近隣の人や家畜、池の魚、ミツバチなどに対しても、安全でなければならない。また、防除対象以外の野菜や花などに対しても悪影響が及ばないよう配慮しなければならない。

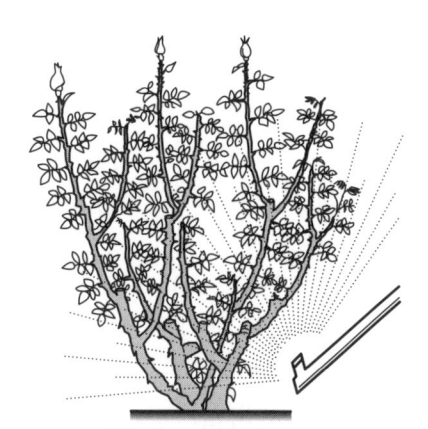

噴口を上に向けて、ていねいに散布する

　農薬散布中に薬液が作業者自身に降りかからないように注意する。風の向きを考慮しながら、常に風上に立って散布すれば、たいてい安全である。つるバラのような頭上の散布は特に注意する。

　近隣に対する不測のトラブルをさけるために、できるだけ風のないときに散布する。強風のときは、薬液が近隣に飛散するばかりか、均一に散布することも困難であるから、薬剤散布は見合わせるべきである。

　現在の農薬は安全とはいえ、体質によってはカブレなどを生じることがあるので、散布の際には、長袖を着用し、ゴム手袋、メガネ、帽子、マスクなどもかけて、できるだけ農薬に触れないように注意する。

（3）散布後の注意

　薬剤散布後は体に付着した薬剤をすみやかに取り除くことが大切である。まず、顔や眼や手足を洗い、うがいをする。作業衣や下着なども新しいものに着替える。作業中に汗をかいた場合は、シャワーを浴びて、汗と農薬を流すことが望ましい。

　池などにビニールシートで覆いをした場合は、散布後ただちにシートをはず

す。うっかりしていると、酸素不足から魚などに思わぬ事故がおきることがあるので注意する。

（4）土壌施用の方法

　農薬を散布するのではなく、粒剤につくられている浸透移行性殺虫剤を株元にパラパラと施用（散布）して、アブラムシやアザミウマを防除する方法がある。殺虫成分は根から吸収されて茎葉にゆきわたると、アブラムシやアザミウマなどの吸汁性の害虫は、吸汁とともに殺虫成分を吸収し、中毒死する。この殺虫方法はテントウムシなどの有益な昆虫には悪影響がないので安全である。モスピラン粒剤、ベストガード粒剤などがある。

　これらの殺虫粒剤は効果が1カ月以上持続するが、施用された成分が、根から吸収されて茎葉部に浸透移行した後に効力が現われるので、効果の発現には、土壌施用後ある程度の日数が必要である。初発の段階で、すぐに施用するとよいが、多発してからでは、手おくれとなってしまう。また、株の根がせまい範囲にある植え付け当年の若い株にはよいが、大株では、根が広い範囲に広がっているため、株元施用では効果があがりにくい。

5　土壌消毒の方法

（1）まず土壌消毒が必要かを考える

　バラを植えるのに土壌消毒が必要なのか、とまず考えることが大切である。やみくもに土壌消毒をすればよいというものではない。

庭の一部を花壇にして、はじめてバラを植える。このようなときには、土壌消毒はまず必要ないと思ってよいだろう。しかし、野菜などの畑として、長年使われていたところにバラを植える場合には、少々問題があるかもしれない。例えば、野菜に線虫類の被害が毎年出ていたようなところでは、土壌中にネコブセンチュウやネグサレセンチュウが多量に生息しているはずであるから、これらが、バラの根に寄生することは十分に予想される。

また、バラにはいや地現象があるといわれているので、バラを抜き取ったあとに、再びバラを植えるような場合は、大いに問題である。いや地現象の原因が、線虫類や土壌病害（根頭がんしゅ病、白紋羽病、疫病など）ということは、よくあることであるから、バラを植えかえる場合、あるいは、バラ園を更新するようなときは、土壌消毒が必要になってくる。

土壌消毒の方法には、熱を利用する方法と薬剤を利用する方法がある。

(2) 太陽熱利用による施設の土壌消毒法

ハウスや温室などのバラを全面的に植えかえるときに、この土壌消毒法を利用すると、ネコブセンチュウやネグサレセンチュウにすぐれた防除効果があり、根頭がんしゅ病や白紋羽病や疫病などにも効果が期待できる。

消毒の方法
①梅雨明け後から8月上旬の期間に実施する。
②細断した稲ワラ1,000kg/10aと石灰窒素100kg/10aを施設内全面に散布する。
③耕うん機でロータリー耕を行ない、土壌と稲ワラなどを混和する。
④うね幅60～100cmのうね立てをする。
⑤透明ポリエチレン、またはビニールで全面マルチする。
⑥うね間が湛水状態になるように灌水する。
⑦施設を密閉し、1カ月間放置する。

なお、この方法は、露地では土壌温度の上昇が不十分なので、効果があがらない。また、育苗用土などの土壌消毒に蒸気や熱湯などを利用する方法もあるが、必ずしも経済的でないので、市販の培養土などを利用したほうがよい。

(3) 薬剤による土壌消毒法

　露地のバラ園や花壇などで、ある程度まとまった部分を消毒する場合、あるいは、1～2株抜き取ったあと地を消毒する場合には、ダゾメット粉粒剤（バスアミド微粒剤、ガスタード微粒剤など）またはクロルピクリン錠剤を利用する。いずれも成分が土壌中にガスとなって拡散し、くん蒸効果により、線虫や病原菌を死滅させる。

●ダゾメット粉粒剤

　ネコブセンチュウ、ネグサレセンチュウ、根頭がんしゅ病、疫病などに効果がある。

消毒の方法

①土壌を耕起、砕土した後、バスアミド微粒剤またはガスタード微粒剤を20～30kg/10a均一に散布する。

②ていねいに耕起して深さ15～25cmの土壌に十分に混和した後、ただちにビニールまたはポリエチレンで被覆する。

③10～15日後に被覆を除去し、2回以上耕起した後、春秋は14日以上、夏は7日以上放置し、ガス臭がないことを確かめてから植え付ける。

　　なお、土壌が乾燥しているときは効果があがらないので、適度に水やりしてから土壌消毒を行なう。

　せまいところを消毒する場合は、隣接株の根をいためるおそれがあるので、隣接株にガスが拡散しないように、プラスチックなどで深さ30cmくらいまで土中に仕切りをする。

●クロルピクリン錠剤

　クロールピクリンは常温で気化しやすい油性の液体で、激しい刺激臭があるため扱いにくい。この成分を錠剤（1錠中4g含有）とした製剤は、扱いが簡便で、住宅地の花壇などで使用するのに向いている。

　効果はダゾメット粉粒剤と同様である。また、周囲の植物に対する薬害防止策などもダゾメット粉粒剤に準じる。

消毒の方法

①土壌を耕起、砕土、整地した後、縦横30cm間隔、深さ15～20cmの穴を開けて、クロルピクリン錠剤を各1錠施用し、すぐに穴をふさぐ。

②厚さ0.05mm以上のポリエチレンで被覆し、まわりに土を載せてガス漏れがないように密閉する。

③所定の被覆期間（春秋は7～10日、夏は3～5日）後に被覆を取り除き、春秋は10～15日以上、夏は5～7日以上放置し、ガスの臭いがなくなってから植え付ける。

土壌消毒は前作の残根が腐敗してから実施すると効果が高い。また、耕起、砕土するときには、残根はできるだけ取り除く。石灰を施用する場合は、消毒後、ガス臭が完全に消えてから行なう。

●フロンサイド水和剤

白紋羽病の発病株を抜き取った後の、簡単な土壌消毒に利用できる。

消毒の方法

①発病株が白紋羽病であることを確認した後、病原菌を含む株元の土壌とともに掘りあげ、病土をこぼさないように注意し、除去する。

②掘りあげたあとは軽く耕起して土壌をやわらかくするとともに、残根をていねいに除去したのち、フロンサイド水和剤1,000倍液を10～20l灌注する。

③隣接の株にも、同様の薬液をたっぷり灌注する。

この消毒は、白紋羽病にかぎった方法である。白紋羽病は株元や根に白色木綿糸状の菌糸（かび）が生じているので、ほかの病気と区別できる。

初めてのバラ

　昭和19年夏、私が中学1年のとき、わが家は目黒のせせこましい町から赤坂の高台にある閑静な住宅街に引っ越した。屋敷町であった。その中の特別大きな豪邸が、戦争末期の非常時ということからか、陸軍軍属の官舎に利用されることになったようだ。

　広大な邸内には、大門を入ると右側にふた抱えはあろうかと思われるカラマツの大木が周囲を威圧していた。邸の奥にはシイやカシの大木が茂っていたが、なんといっても、四季折々の花が絶えることのないのが、この邸の特徴であった。厳寒のころからロウバイや寒ツバキが咲き、春はウメ、ツバキ、アンズ、カイドウ、ジンチョウゲ、モクレン、初夏はバラとアジサイ、盛夏はサルスベリ、秋はキンモクセイが芳香を漂わす、といったあんばいである。邸主の心がしのばれるというものだ。

　季節の移り変わりとともに咲き変わる庭の花を、父と一緒に見て歩くのは、子供心にも楽しいものだった。父がことのほか、樹木の名にくわしいのをこのとき初めて知ることとなった。見たこともない花や庭木の名もこのときにおぼえたものが多い。広い庭を一巡すると新しい発見に遭遇するのも楽しい驚きであった。

　5月半ばのことであった。裏庭の一隅に、目のさめるような深紅のバラが一輪だけ咲いているのを発見した。ぞくぞくするような深紅の花に心が震えたのをおぼえている。いままで見たこともないぜいたくな美しさであった。庭は耕されてイモ畑と化した戦局重大な時節柄とはいえ、美しいものは美しい。いや、それだからこそ、ひときわ美しさが輝いていたのかもしれない。中学2年生だった。

　このバラは、それから数日後の昭和20年5月24日深夜から25日未明にかけて、東京山手一帯を襲った数百機のB29による大空襲で、星空に輝いていた和洋折衷の壮大な母屋をはじめ、邸内の他のすべての庭木とともに、焼け失せてしまった。

用語解説

アセチルコリン 動物の体内で神経の興奮を伝える物質。

アセチルコリンエステラーゼ 動物の体内でアセチルコリンをコリンと酢酸に分解する酵素。

いや地現象 同じ畑、果樹園などに同じ作物を連作したときにおきる生育不良、品質低下など、一種の連作障害のこと。

壊死（えし） 発病にともない、組織の一部が褐変または黒変して死ぬこと。

角状管（かくじょうかん） アブラムシの腹部の後方に突き出している一対の管で、その色や形は種の同定のポイントとなる。

花梗（かこう） 花茎の最上部で、花のすぐ下の部分。

桿菌（かんきん） 細菌の一種で、鞭毛（べんもう）を持つインゲンマメ状の形をした単細胞の微生物。植物に病気をおこす細菌はすべて桿菌である。

がんしゅ 病原細菌の感染にともなう細胞の異常増殖により、根や根冠部に肥大、突出した黒色のごつごつした病的組織。

完全時代（世代） 糸状菌には無性胞子と有性胞子をつくる時期があり、卵胞子、接合胞子、子のう胞子、担子胞子など、有性胞子の時期を完全時代または完全世代という。

寄生菌 生きている生物を栄養源として利用する菌。病原菌はこれにあたる。

拮抗微生物 自然界で、病原菌など、ある種の微生物と競合関係にある微生物。

キャンカー バラの茎に発生する大型病斑をともなう病気で、進行すると枝枯れ症状となる。枝枯病、腐らん病などがあるが、これらを総称してキャンカーと呼ぶ。

魚毒性 魚類に対する農薬の毒性で、その強弱から通常ABC（弱、中、強）の3ランクに分けている。

菌核 菌類（かび）の器官のひとつで、菌糸が緊密にからみあってつくられた塊状のもの。菌の種類により、ケシ粒状、ネズミの糞状など、いろいろな形状のものがある。いずれも耐久力があり、土中などで数年間生存し、伝染源となる。

菌糸 菌類の栄養体で、分岐した糸状のもの。寄生または腐生により栄養を吸収し、増殖する。

用語解説

菌糸束 多数の菌糸が密着して束状になり、あたかも、一本の太い菌糸のように見える。白紋羽病菌や紫紋羽病菌に特有の菌糸の形状。

菌叢（きんそう） 菌糸や分生子などが繁殖している一団の総称。

クチクラ 昆虫体の表面を覆っているかたい皮膚で、その成分はキチンと蛋白質が主体である。クチクラはその内側の真皮細胞から分泌されたものである。

グラム陰性 細菌を分類・同定するためのテクニックのひとつで、特殊な染色法に対する反応から、細菌をグラム陰性とグラム陽性の二つのグループに分けることができる。

くん煙 成分を加熱、気化させて煙状にし、施設などの病害虫を防除する方法。

くん蒸 常温で気化する成分を利用した、土壌中あるいは倉庫内の病原菌や線虫などに対する消毒法。土壌くん蒸や倉庫くん蒸などがある。

耕種的防除 栽培法や環境の改善などにより、農薬にたよらずに病害虫を防除する方法。広義には、抵抗性品種の利用や物理的防除などを含めることもある。

広食性 摂食対象とする寄主（きしゅ）植物の種類が多く、広範囲にわたる害虫の食性のこと。

コロニー アブラムシなどが集団となって群生している状態。

根圏 土壌中で根の生育伸長している領域をいう。この領域は、微生物を主とした生物や有機物が豊富である。

残効性 薬剤を処理した後に、効果が持続する性質。

散布 薬剤を水で薄めて、噴霧器などで植物にまくこと。

翅（し） 昆虫の羽のこと。前翅（前羽）と後翅（後ろ羽）が各1対胸部についている。

子のう 子のう菌類が有性生殖の結果つくられる器官が子のうで、その中に子のう胞子が形成される。

子のう殻（かく） 子のうを形成、内蔵する球形の器官で、肉眼では、病斑上に小さな黒点として認められる。

子のう菌類 糸状菌（変形菌を除く）を有性胞子の種類により大きく分類した4部門のひとつで、子のう胞子を形成する。うどんこ病菌、白紋羽病菌など。

子のう胞子 子のう菌類特有の有性胞子で、子のうの中につくられる。

宿主（しゅくしゅ） 病原菌が生活の場として、栄養を摂っている植物を宿主という。寄主（きしゅ）ともいう。

シリンジ 施設のバラなどに対して、乾燥防止やハダニ阻止などのために、噴霧器

などで水を霧状に吹きつけること。

浸透移行性 土壌施用した薬剤の成分が、根から吸収されて茎葉部に移行する性質をいう。茎葉部に散布した成分が植物体の各部に移行する場合もある。

生物的防除 害虫に対する天敵や、病原菌に対する拮抗微生物を利用して病害虫を防除する方法。

生理病 気象、土壌、大気汚染など、病原菌やウイルス以外の原因で植物が生育異常や枯死などをおこした場合、生理病または生理障害という。

世代（昆虫の世代） 卵から幼虫を経過して、成長した成虫が産卵するまでの期間を世代という。昆虫の種類により、1年にくり返す世代の数が異なる。

線虫対抗植物 土壌中のネコブセンチュウやネグサレセンチュウの生息密度を著しく抑制する効果を示す植物。マリーゴールドなどがある。

前蛹（ぜんよう） 幼虫から蛹に変態する中間の過程に見られる未成熟な蛹で、雄のカイガラムシ類に特有のものである。

粗大有機物 落葉や腐熟堆肥などに対して、木本（もくほん）植物の枝などの有機物をいい、土壌中で白紋羽病菌が長期間生存する場となっている。

第一次伝染 越冬した病原菌が伝染源となって、宿主植物に伝染する場合を第一次伝染という。

第二次伝染 第一次伝染により発病した宿主植物上につくられた、新しい病原菌が伝染源となって、周辺植物に伝染・まん延する場合を第二次伝染という。

退緑（退色）（たいりょく） 葉緑素の形成が不足して、葉の一部が淡緑色、淡黄緑色あるいは黄白色となる現象。ウイルス病などにかかるとおこりやすい。

脱皮 昆虫のかたい皮膚はクチクラと呼ばれる物質で成長しないため、幼虫や若虫が成長して体が大きくなる際には、内側に新しいクチクラができあがり、古いクチクラを脱ぎ捨てる。これが脱皮である。

担子菌類 糸状菌（変形菌を除く）を有性胞子の種類により大きく分類した4部門のひとつで、担子胞子を形成する。さび病菌などがある。

団粒構造 土壌粒子が腐植などと融合して直径1～10mmの多孔質の粒子となったもの。ふっくらとした感触で、通気、通水性が良好であるとともに保水性がよく、植物の生育に適した理想的な土壌の状態。

中間宿主 大部分の病原菌は同一の植物上で成長し、生活史を完了するが、さび病

用語解説

菌の中には、季節に応じて、2種類の植物に順次に寄生するものがある（ナシとビャクシン類など）。この場合、経済的に評価の低いほうの植物を中間宿主という。

接ぎ木栽培 苗木の生産方法として、病害虫に対する抵抗性を持つ植物を台木とし、目的の品種を接ぎ木することにより、安全に、確実に栽培することができる。

テッポウムシ カミキリムシの幼虫。ふ化幼虫が地ぎわ部に食いいり、茎の内部の木質部をトンネル状に食いすすみ、枝枯れや株枯れの原因となる。

伝染源 病気にかかった植物の茎葉や根など、病原菌が付着または潜在しているものを伝染源という。第一次の伝染源は通常、前年の病枝、病葉、病種子などの場合が多い。

土壌伝染病（土壌病害） 土壌中に生息または生存する病原菌が根や地ぎわ部に侵入しておきる病気を土壌伝染病または土壌病害という。立枯病、白絹病、疫病、白紋羽病、根こぶ線虫病などがある。

夏胞子層 さび病菌は、通常4種類の胞子をつくり、夏胞子は主として伝染、まん延をくり返す。茎葉上で、橙黄色の鉄さび状または隆起した集団（夏胞子層）となっている。

病斑 発病にともない、葉や茎などの一部が壊死を起こし、正常な部分とは異なる状態となる。このような部分を病斑という。

風媒伝染 糸状菌の胞子などが、風とともに飛び散って、周辺の作物に伝染、まん延する伝染の様式。うどんこ病やさび病などに見られる。

不完全菌類 糸状菌のなかで、有性世代が発見されていないものを、一括して、不完全菌類という。黒星病菌、斑点病菌などがある。

不完全時代（世代） 糸状菌には有性胞子と無性胞子をつくる時期があるが、無性胞子をつくる時期を不完全時代または不完全世代という。

腐生菌 生物の遺体や有機物を栄養源として利用している菌。

付着器 菌の胞子が植物体に固着しやすいように、発芽管の先端にできる吸盤状の器官。

冬胞子層 さび病菌は、通常4種類の胞子をつくり、冬胞子は越冬器官としての胞子で、その集団は冬胞子層といい、隆起した小さな黒点状である。

分生子（分生胞子） 糸状菌が形成する無性胞子で、菌糸体上に生じる器官（分生

子柄(へい))の上につくられる胞子を分生子または分生胞子という。

分生子柄(へい)　菌糸体上に生じる棒状または分岐した糸状の器官で、その上に分生子がつくられる。

柄子殻(へいしかく)　柄胞子を形成する小黒点状の球形の器官。

柄胞子(へいほうし)　糸状菌がつくる無性胞子で、黒点状の小さな球形の器官（柄子殻(へいしかく)）内につくられる。

鞭毛菌類(べんもう)　糸状菌（変形菌を除く）を有性胞子の種類により大きく分類した4部門のひとつで、無性胞子として鞭毛を持つ遊走子をつくり、有性胞子として卵胞子をつくる。べと病菌、疫病菌などがある。

放線菌　細菌類に属し、細胞が鎖状に連結する特殊な菌で、土壌に生息する。抗生物質を生産する有益なものが多い。

保護殺菌剤　病原菌の侵入を阻害して、植物を保護する効果のある殺菌剤。その効果を予防効果ともいう。

モザイク　ウイルス病の最も普通の症状のひとつで、葉に現われる濃淡がモザイク模様のようであることからモザイクという。

薬剤耐性菌　ある種の薬剤に対する感受性が低下して、薬剤の効果が低下した病原菌のことで、うどんこ病菌や灰色かび病菌に見られる。同一薬剤の連続使用が大きな原因である。

薬剤抵抗性　ハダニやアブラムシなどの害虫が、ある種の薬剤に対する感受性を低下させ、薬剤の効果が著しく低下する現象。

遊走子　鞭毛菌類につくられる、鞭毛を持つ無性胞子を遊走子という。水の中を動きまわり、伝染、まん延する。

遊走子のう　鞭毛菌類にある無性胞子をつくる袋状の器官で、成熟すると遊走子を放出する。

葉脈透化　ウイルス病の症状のひとつで、葉脈が透けて見える状態をいう。新葉に現われることが多い。

葉脈緑帯　ウイルス病の症状のひとつで、葉脈に沿った部分が濃緑色になる症状をいう。

卵胞子　鞭毛菌類につくられる有性胞子で、耐久性がある。病組織とともに土壌中で越年し、第一次伝染源となる。

用語解説

鱗片(りんぺん)　植物の芽を二重、三重に覆っているうろこ状の保護組織。

輪紋　ウイルス病の症状のひとつで、斑紋がリング状になる症状。

齢(れい)**(昆虫の齢)**　幼虫や若虫が脱皮をくり返して成長する過程で、1回の脱皮に対応する期間を齢といい、脱皮をくり返すごとに齢がすすむ。1齢、2齢、若齢、老齢など。

ローテーション散布　薬剤耐性菌や害虫の薬剤抵抗性の発達をさけるために、作用性の異なる数種の薬剤を輪番に散布すること。

矮化(わいか)　ウイルス病の症状のひとつで、著しい萎縮症状により、植物の生育が阻害されて小型となる症状。

「五月祭」のバラ

　大学4年の「五月祭」では、どういう風のふきまわしか、「バラの相談コーナー」を開設することになった。農学科の会場の一隅に机と椅子を配置し、机の上には人気のバラ「ピース」を生けて雰囲気を盛り上げた。そして、「バラの相談承ります」と、墨痕鮮やかに達筆で書いてくれたのは鵜飼君であった。ほれぼれするような堂々とした字であった。

　病害虫は植物病理専攻の私が、品種や栽培万般については育種専攻の中根君が受ける、というものであった。バラのブームとはいえ、研究成果とは無縁の、趣味に毛の生えた程度の経験しかないというのに、天下の東大の「五月祭」で、大それたことをやったものだ、と汗顔のいたりである。

　家庭の主婦や若い女性が、庭に植えてあるバラについてもちかける相談に答えるのは楽しくもあり、簡単でもあった。なにせ、アルバイトに大邸宅のバラ園を管理していた私にとっては、病気でも害虫でも、経験を踏まえて答えを引き出すことができるのだ。

　ところがである。業者とおぼしき人が、温室バラのハダニ対策をたずねてきた。農薬が効かないという。昭和35年春であったから、アブラムシなどに、BHCなどの有機塩素剤やマラソンなどの有機リン剤がもてはやされていたころである。ハダニに対しては効果不充分にちがいない。殺ダニ剤はまだ種類が少なく、アカール乳剤やケルセン乳剤が出はじめたころではなかったか。それが効かないということは、すでに抵抗性のハダニが出現していたということかもしれないが、そんなことは、当時、まだ知る由もなかった。もうちょっと核心に触れた対応ができていればよかったものを、と思うのであるが、後の祭りというものである。

　診断といい、相談といい、あらゆる問題を右から左へと、よどみなくさばいてゆくには、百戦錬磨の臨床経験が必要なのだ。勉強中の学生が、実務者の経験上の問題に対応できるわけがない。何も知らないな、と見透かされていたにちがいない。ああ、やっぱり恥ずかしいことだった、といまだに悔やまれるのである。

参 考 図 書

土壌線虫の話　西澤務　タキイ種苗広報出版部　1994
日本原色アブラムシ図鑑　森津孫四郎　全国農村教育協会　1983
日本原色カイガラムシ図鑑　河合省三　全国農村教育協会　1982
日本原色植物ダニ図鑑　江原昭三編　全国農村教育協会　1993
日本植物病害大事典　岸國平編　全国農村教育協会　1998
日本農業害虫大事典　梅谷献二ほか編　全国農村教育協会　2003
農業総覧　花卉病害虫診断防除編　農山漁村文化協会
農作物のアザミウマ　梅谷献二ほか編　全国農村教育協会　1988
農薬適用一覧表2004年版　日本植物防疫協会
農薬ハンドブック2001年版　日本植物防疫協会
花と緑の病害図鑑　堀江博道ほか編　全国農村教育協会　2001
花の病害虫防除　森田儔・上住泰　家の光協会　1992
ばらに贈る本　鈴木省三　婦人之友社　2000
Compendium of Rose Diseases APS PRESS The American Phytopathological Society 1999

著者略歴

長井　雄治（ながい　ゆうじ）
　1930年　山口県に生まれる。
　1961年　東京大学農学部農学科卒業後、千葉県農業試験場で主として野菜・花などの病害の生態と防除の研究に従事。
　1988年　定年退職後、千葉県農業大学校、千葉県生涯大学校などの講師。
　1980年　東京大学より農学博士授与。
　1991～1993年　関東東山病害虫研究会長
　　この間、千葉県知事表彰状（1985年）、農業技術功労賞（1986年）、日本植物病理学会賞（1988年）などを受賞。
　　日本植物病理学会会員、関東東山病害虫研究会特別会員。

主な著書
『野菜のウイルス病』、『野菜の病害虫』、『日本植物病害大事典』、『作物ウイルス病事典』、『種子伝染病の生態と防除』、『野菜病害虫診断防除編』、『花卉病害虫診断防除編』、『原色野菜病害虫百科第2版』、『原色作物病害虫百科第2版』（以上共著）、『ランの病害虫と生理障害』、『カラー版　野菜の病害虫　作型別防除ごよみ』、その他病害虫関係共著多数。

バラの病気と害虫
── 見分け方と防ぎ方 ──

2005年9月30日　第1刷発行

著者　長井　雄治

発行所　社団法人　農山漁村文化協会
郵便番号　107-8668　東京都港区赤坂7丁目6－1
電話　03(3585)1141(営業)　03(3585)1147(編集)
FAX　03(3589)1387　　振替　00120-3-144478
URL http://www.ruralnet.or.jp/

ISBN4-540-05241-1　　　　DTP製作／(株)新制作社
〈検印廃止〉　　　　　　　印刷・製本／凸版印刷(株)
© 長井雄治 2005　　　　　　定価はカバーに表示
Printed in Japan
乱丁・落丁本はお取りかえいたします。

農文協の園芸書

花卉園芸大百科⑩ バラ
農文協編

10000円

品種開発など世界の動向から、形態・生育習性とその変動、開花生理と調節技術、土耕栽培を中心にミニバラ鉢栽培やロックウールなど各種栽培法、高品質の花を咲かせる栽培のポイント、各種仕立て方・せん定法など詳解。

自然農薬で防ぐ病気と害虫
家庭菜園・プロの手ほどき
古賀綱行著

1380円

身近な素材で自然農薬をつくる。四季の雑草三種混合、ツクシ、アセビ、タバコ、牛乳、酢、ニンニクなど40数種のつくり方使い方を紹介。病害虫と上手につきあう無農薬栽培の手引書。

堆肥のつくり方・使い方
原理から実際まで
藤原俊六郎著

1500円

堆肥の効果、つくり方、使い方の基礎から実際を図解を多用してわかりやすく解説。材料別のつくり方と成分、作物別使い方、堆肥の成分を含めた施肥設計例も実践的に示す。堆肥つくりと使い方のベースになる本。

種から育てる花図鑑わたし流
渡辺とも子著

1950円

耐寒・耐暑性に合わせて決める種まき時期や冬越し・夏越し対策、手間をかけずに失敗しない用土や水やり、施肥、植え付け法など、自称ナーサリーの主婦が経験をもとにまとめた種や挿し芽から育てる160余種の花図鑑。

図解 園主が教える洋ランつくりコツのコツ
上手な買い方・咲かせ方
岡田弘著

1530円

洋ラン園主の著者が、お客さんに育て方のコツを図解でわかりやすく書いた待望の書。シンビジウムやカトレアなど20数属の選び方から、必ず咲かせるための四季の育て方のポイントをオール図解でていねいに指南。

（価格は税込。改定の場合もございます。）